Shuwasystem Business Guide Book　How-nual

最新 MMT［現代貨幣理論］がよくわかる

望月　慎　著

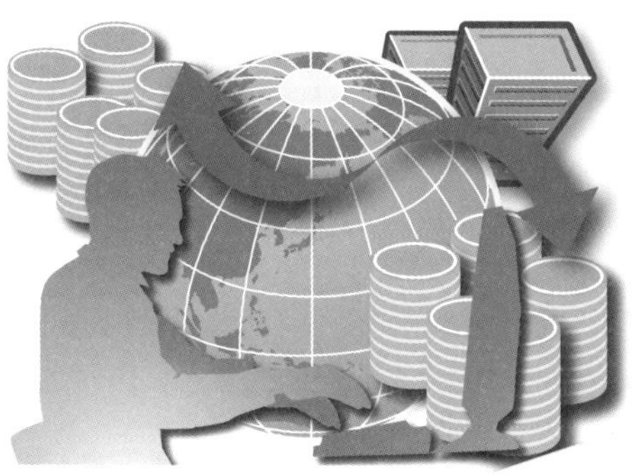

秀和システム

はじめに

いわゆるMMT（Modern Monetary Theory：現代貨幣理論、ないし現代金融理論）は、海外では特に2010年代頃から、時にポール・クルーグマンなどの“大物”経済学者を巻き込みながら論争を起こしていましたが、日本でこれほどまでに話題になり始めたのは、2019年に入ってからのことではないでしょうか。

MMTはアメリカでもインターネットを中心に支持を広げていった異色の経済理論ではありましたが、日本においても、世間で話題になる前から、インターネットにおけるMMTの研究と発信が徐々に進んできていました。

私がMMTに関心を持ち、研究を始めたのは2016年初頭のことで、2018年1月には『経済学101』（海外の経済記事を翻訳・配信する非営利団体）に参加して、MMT派経済学者：ビル・ミッチェル（執筆時点でニューカッスル大学経済学部教授）のブログの翻訳を開始しました。2019年の『MMT旋風』の煽りを受け、立命館経済学会で研究報告して紀要論文『Modern Monetary Theoryの概説』を上梓したのが2019年の7月のことです。

2019年全体を通して、MMTを題した（あるいはMMTを陰に陽に取り扱った）著作や、関連する報道が相次いだことは読者の記憶に新しいところと思います。

とは言え、MMTの世間での扱いは、決してよいとは言えません。

MMTへの浅慮な批判が（権威あると思われる人々や機関からでさえ）繰り返され、また逆に、MMTという名を半端に振りかざした粗雑な議論も横行しているというのが、紛れもない現状と思われます。

そうした中で、大変遅ればせながら、以前から研究を続けていた身として、MMTとは何ぞやというところを平易な形で改めて書いてみせるということは、僭越ながら意義深いはずだと考え、本書の出版を決意いたしました。

本書により、日本におけるMMTの理解がわずかでも広まり、深まれば幸いです。

2020年3月　　望月 慎

図解入門ビジネス 最新MMT［現代貨幣理論］がよくわかる本

CONTENTS

第3章 機能的財政論

第4章 信用貨幣論・内生的貨幣供給理論

第5章 債務ヒエラルキー・債務ピラミッド

第6章 ストック・フロー一貫モデル

第7章 ジョブ・ギャランティ

第8章 MMTの開放経済（国際経済）分析

第9章 MMTによって防ぐことができる様々な誤り

第10章 MMTに関連する発展的な議論

第1章

MMTとは

まずはじめに、次の3点について解説していきます。

・MMTの概観

・MMTが生まれてきた理論的背景

・MMTが注目されるに至った政治経済的背景

その上で、導入として、"MMTに対するよくある世間の批判"を列挙し、それに対して反論しつつ、第2章以降へのリファレンスを含むことで、本書全体へのガイダンスの代わりとしたいと思います。

1-1
MMTの概観

MMTの理論の大まかな構造について、簡潔に整理しながら紹介・解説していきます。

MMTとは何か

MMT（Modern Monetary Theory：**現代貨幣理論**、ないし**現代金融理論**）は、貨幣経済システム、金融財政システムの実態に即した理解を元に、マクロ経済／経済政策について分析する学問体系です。

いわゆる主流派経済学（“新しい古典派”経済学やニューケインジアンなどに限らず、かつて主流であったオールドケインジアンも含めて）に対して極めて批判的（特に貨幣理解、マクロ経済理解に関して）であり、一方で、他の非主流派経済学（ポストケインジアンやマルクス経済学など）とは、（時に激しい議論を伴いつつも）積極的な交流が行われています。

MMTの概観

MMT派（MMTerと俗称されます）の経済理論の核となるのは、やはりその名の通り、貨幣・金融理解です。

MMTは、貨幣を負債の一形態（一区分）と見なします（たとえば、通貨は政府＋中央銀行の負債、銀行預金は商業銀行の負債）。そして、貨幣の創造はいかなる場合も、**信用の追加（負債の追加）**という形で為されると考えます。そうした信用追加による貨幣創造は、経済活動の“結果”として生じてくるものであり、貨幣量操作が経済に影響を与えるとするマネタリズム的な考えを、因果が転倒したものと見なし、徹底的に批判しています。この意味で、**MMTは信用貨幣論、内生的貨幣供給理論の流れを汲み、これを通貨・財政にまで拡張した考え方（表券主義→租税貨幣論）です**。このためMMTは“**新表券主義**”（**ネオ・チャータリズム**）と呼ばれる側面もあります。

上記のような貨幣・金融理解を元にして、財政を（赤字や債務のサイズを通じてではなく）経済的効果に絞って捉え直す「**機能的財政論**」、通貨や銀行貨幣を含む負債全体のヒエラルキー構造を整理する「**債務ヒエラルキー・債務ピラミッド論**」、海外を含む部門間の金融フロー・貸借の一貫性を元に経済を分析するアプローチである「**ストック・フロー一貫モデル**」といった様々な経済理論が“導出”されます。

また、上記のような理論的分析に基づき、**国際経済の分析**（為替制度、国際金融、貿易政策……）や、**ジョブ・ギャランティ（就業保証）**のような政策志向・提言がもたらされるという構図になります。

MMTの概観

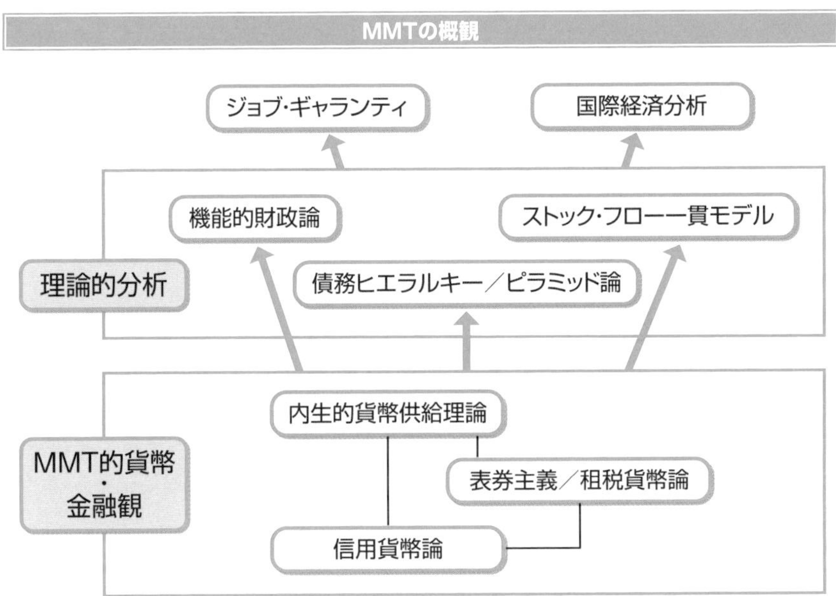

1-2

MMTが生まれてきた理論的背景①
MMTへの経済学的系譜

MMTが生まれてきた理論的背景について、過去から現在にかけての経済理論の系譜を踏まえて簡潔に論じます。

“非主流派”経済学の一派としてのMMT

MMTは、“第一世代”と自称・他称される人々……ランダル・レイ、ビル・ミッチェル、ウォーレン・モズラー、ステファニー・ケルトン（ベル)、パブリナ・R・チャーネバ、スコット・フルワイラー、マシュー・フォーステイター、ジェームズ・ガルブレイスなど……を核のメンバーとして、ミズーリ大学カンザスシティ校やレヴィ経済研究所（バード・カレッジ）などを中心に、様々な形で展開されてきた経済理論です（他にも、MMTというくくりには収まりませんが、強い関係を持つ経済学者としては、ウェイン・ゴドリー、マーク・ラヴォア、アラン・パルゲなどがいます)。

次ページに示している極めて複雑な系譜図は、MMTへの系譜を含んだ経済学系譜図の【一例】です。これは断じて唯一絶対の系譜解釈・経済学分類などではありませんが、大まかに、「**MMTは異端派／非主流派の様々な経済学から影響を受けており、その中でも特にポストケインジアンから強い影響を受けている**」とご理解ください。

理論上において特に重要な経済学者

MMTに対して、特に重要な影響を与えている経済学者及び人物を列挙しておきます。

まず、系譜図外の人物ですが、極めて重要な人物として、**アルフレッド・ミッチェル-イネス**がいます。彼は厳密には経済学者というより外交官でしたが、彼の貨幣に関する二つの論文（『What is Money ?』と『The Credit Theory of Money』）は、貨幣経済史の知見を踏まえ、当時支配的であった商品貨幣論・金属主義を徹底的に批判して、信用貨幣論を論じ、後世の経済学者の貨幣観に強い影響を及ぼしました。

また、ドイツ歴史学派に属する**ゲオルグ・フリードリッヒ・クナップ**は『貨幣国定学説』において、国家による受領が貨幣を貨幣たらしめるとする「表券主義」(Chartalism)を論じており、これは第2章で解説する租税貨幣論に通じます。

言わずと知れた泰斗、**ジョン・メイナード・ケインズ**は『貨幣論』において、ミッチェル-イネス、クナップ両者の影響も強く受けた上で信用貨幣論を整理しています。

ポストケインジアンの中では、「機能的財政論」を提唱した**アバ・ラーナー**、「ストック・フロー一貫」アプローチを提唱した**ウェイン・ゴドリー**と**マーク・ラヴォア**、金融不安定性や裁量的財政政策の陥穽について論じた**ハイマン・ミンスキー**といった人々がMMTに強い影響を与えています。

MMTへの経済学系譜図の一例

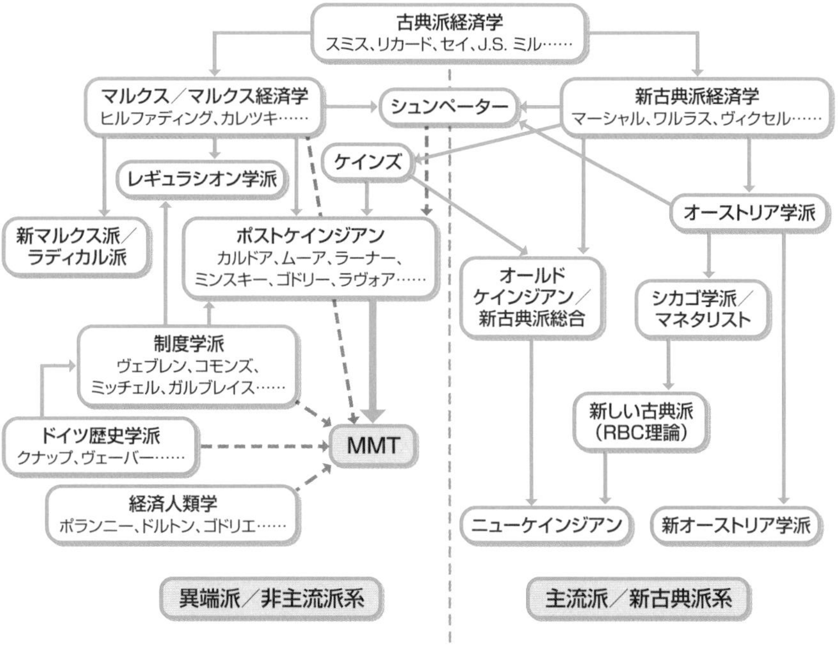

1-3

MMTが生まれてきた理論的背景② 内生的貨幣供給理論の展開とMMT

多様な内生的貨幣供給理論の展開と、それらのMMTに対する影響について整理しておきます。

様々な内生的貨幣供給理論

1-1でも述べたように、MMTは内生的貨幣供給理論の流れを汲む学問です。

しかしながら、内生的貨幣供給理論も一枚岩というわけではありません。

ポストケインジアンの中でも、**ホリゾンタリズム**（ニコラス・カルドア、バジル・ムーアなど）と、**ストラクチャリズム**（ランダル・レイ、ロバート・ポーリンなど）の間で対立があります。

かいつまんで言うと、ホリゾンタリズムにおいては、

「市場金利は中央銀行の金利政策から天下り式に定まる」

「（最も強引な仮定では、）受動的に定まった市場金利と当該市場金利における民間支出需要の変動に応じて、総需要・信用創造水準が受動的に変動する」

「中央銀行が政策金利設定に応じて受動的に準備預金調節を行っているのと類似的に、商業銀行もある市場金利の下で完全に受動的に信用創造を行っている」

と考えられます（＊厳密に言うと、こうした主張はホリゾンタリズムの中でもかなり極端な部類に入りますが）。

一方で、ストラクチャリズムにおいては、

「市場金利のマークアップ率は、市場の楽観主義・悲観主義に応じて変動する」

「中央銀行の金融調節は“水平”的だが、商業銀行の信用創造はそうではなく、信用創造水準には限度があったり、水準に応じた金利マークアップの変動が生ずる」

「利上げや金融規制に対して、銀行は決して唯々諾々ではない。金利政策の影響を小さくしようとする銀行側のポートフォリオ・オフバランスなどの努力は、金利政策の効果を弱めたり、かえって逆効果になる危険性を高める」

といった理路で、ホリゾンタリズムに対して批判を加えています。

また、非ポストケインジアン系では、貨幣の発生から消滅までの循環動態を強調する**サーキュレイショニズム**（ジェイクス・ル・ブールヴァ、ルイ・フィリップ・ロションなど）が展開されています。

MMTにおける貨幣・金融理論は、こうした多様な内生的貨幣供給理論から、複合的に影響を受けつつ展開されたものとなっています。

各理論のMMTへの影響

MMTにおける内生的貨幣供給理論について、詳しくは第4章の「信用貨幣論・内生的貨幣供給理論」で論じますが、かつてストラクチャリズムの代表者であったランダル・レイは、MMTを【創始】するにあたり、これまで論争相手であったホリゾンタリズムやサーキュレイショニズムの主張をむしろ積極的に取り入れ、統合的に貨幣論を論ずるようになりました。本書第4章での解説も、少なからずホリゾンタリズムやサーキュレイショニズムの考えを包含したものになっています。

内生的貨幣供給理論の展開とMMT

内生的貨幣供給理論

・貨幣は負債の一形態として、信用creditを見合いに創造される（信用貨幣論）
・貨幣水準は、経済活動の"結果"であって、"原因"ではない。

非ポストケインジアン系
ポストケインジアン系

サーキュレイショニズム ⇔（近い考え）ホリゾンタリズム VS ストラクチャリズム

サーキュレイショニズム：貨幣の発生～消滅の循環動態を強調
ホリゾンタリズム：中央銀行の準備預金調節も商業銀行の信用創造も受動的
ストラクチャリズム：商業銀行は利子率決定や信用創造の方法に関して能動的に行動する

↓

MMTへ複合的に影響

1-4 MMTが注目されるに至った政治経済的背景

昨今急速に注目と批判が集まり始めたMMTについて、なぜそうなるに至ったかという背景を簡単に整理します。

かつては無視されてきたMMT

MMTは何も昨日今日提唱され始めた理論ではなく、1990年代にはすでにその基礎は固められていましたし、創始者の1人であるモズラーが述懐するように、MMT的観点からの政治的助言は少なからず為されてきました。

MMTの初期の“助言”として重要なのは、アメリカ：ビル・クリントン政権における**好況+財政黒字への【警告】**でした。詳しくは第6章「ストック・フロー一貫モデル」にて論じますが、MMT派の経済学者は、クリントン政権期の好況について、「**非持続的な民間借入膨張に依存したものであり、早晩バブル崩壊と不況をきたす**」と論じました。実際に“それ”は生じましたが、MMT派が忠告をしていたということそれ自体を含めて、完全に無視されたというのが現実でした。

世界金融危機後の展開

風向きが変わったのは、世界金融危機(Global Financial Crisis:GFC)以降です。

ユーロ圏において、いわゆるPIIGS諸国が金融財政危機を起こす一方（*ちなみにユーロ危機は、第6章で紹介するストック・フロー一貫アプローチに基づき、先んじて予測されていました)、それ以外の**自国通貨を持つ国々は、不況に伴って財政指標が悪化していったにも関わらず、財政危機は一向に生じず、長期国債金利はむしろ低下していく**という、極めて奇妙な事態に直面することになりました。

また、ユーロ圏で実行された「拡張的緊縮財政政策」という試みは散々な結果に終わり、少なくとも不況において、財政政策の影響力が強いことが確認されました。

加えて、以前は不況脱却に有力と考えられてきた非伝統的金融政策［量的緩和、信用緩和（質的緩和）、インフレ目標政策、マイナス金利政策……］が、当初思われていたほど有用なものではないということが明らかとなってきました。

財政指標悪化が一向に財政危機をもたらさない諸国（日本含む）の状況、財政政策が経済に強い影響をもたらすという“自然実験”の帰結、非伝統的金融政策の限界ないし失敗……主流派（ないし主流派寄りの）経済学では上手く説明できない事態に対し、正確かつ明瞭な説明をつけることができる学問として、そして金融危機や長期不況を惹起する経済に対処するヒントとして、MMTに注目が集まることになったのです。

MMTと政治経済的背景

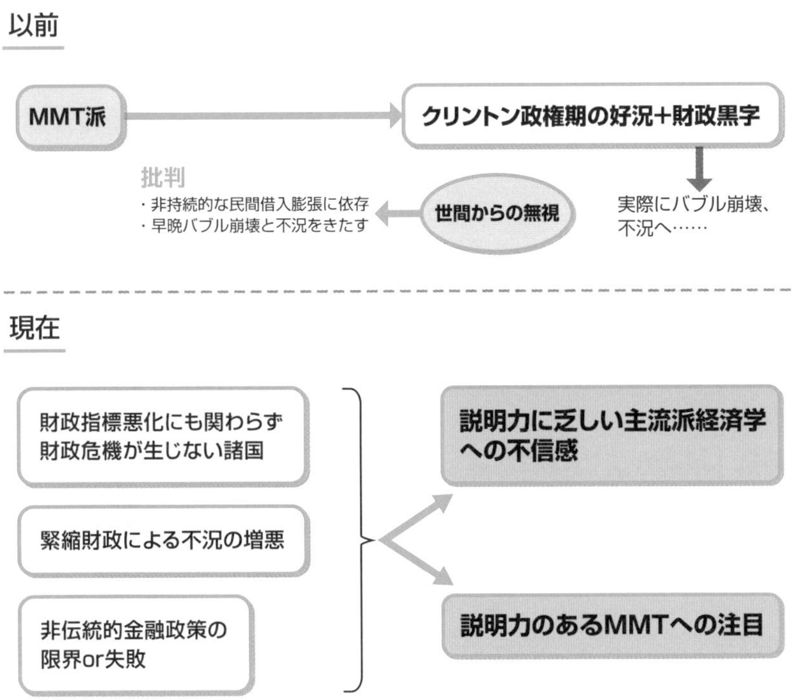

以前

MMT派 → クリントン政権期の好況+財政黒字

↓ 実際にバブル崩壊、不況へ……

世間からの無視 ←

批判
・非持続的な民間借入膨張に依存
・早晩バブル崩壊と不況をきたす

現在

財政指標悪化にも関わらず財政危機が生じない諸国

緊縮財政による不況の増悪

非伝統的金融政策の限界or失敗

→ 説明力に乏しい主流派経済学への不信感

→ 説明力のあるMMTへの注目

1-5 MMTに対するよくある批判とその反論 前編

MMTに対する俗説的批判に対する反論を通じて、後の章へのガイダンスを行います。

誤解や無知に基づく数々の批判

MMTが注目されるにあたり、多種多様なMMT批判が展開されていますが、残念ながらその多くは、単にMMTに対する誤解や無知に基づいています。ここでは、よくある批判に反論しつつ、関係する章へのガイダンスを示したいと思います。

批判1.「財政に金融的制約がないなら、無税国家ができるのでは？」

この点については、第2章「租税貨幣論」にて詳しく論じていますが、表券主義、租税貨幣論においては、政府による受領（特に租税）が、通貨流通の根拠となりますから、**原理的に無税国家はあり得ません。**

また、第5章「債務ヒエラルキー・債務ピラミッド」の末尾のコラムでは、「無税国家」とされる国々（サウジアラビアなど）を分析し、そうした国々が厳密な意味での"無税"ではなく、様々な形で通貨を「受領」していることを示しています。

批判2.「政府が支出し放題なら、ハイパーインフレが起きるのでは？」

第3章「機能的財政論」で論ずるように、政府支出増加→総需要増加が経済の生産キャパシティを超過するなら、**MMTでの枠組みでも当然インフレは起こります。**

MMTが「自国通貨発行権のある政府に支出制約（金融的制約）がない」と論ずるのは、第2章で論ずるように、政府に財政不履行リスクがないという意味であって、いくら支出してもインフレにならないという話ではまったくありません。

また、ハイパーインフレには通常のインフレとは異なるメカニズムもあり、4-8にて、ジンバブエやベネズエラを取り上げつつ詳説しています。

批判3.「通貨発行者はあくまで中央銀行であり、政府ではないのでは？」

第2章「租税貨幣論」で論ずる通り、**中央銀行が完全に政府財政から独立して機能するということはあり得ません**。中央銀行が発行する紙切れないし電子データは、税による駆動という形で財政的に流通価値を付与されるからです。また、財政履行に際して中央銀行は補助的な金融調節を行うのであり、そうした調節を放棄して政府財政を意図的に不履行に陥らせるようなことはしませんし、する意味もありません。

MMTに対するよくある批判とその反論（前編）

批判1 『財政に金融的制約がないなら、無税国家ができるのでは？』

反論

- 租税貨幣論では、租税が通貨流通の根拠であるため、原理的に無税国家はあり得ない
- 無税国家として一般に知られる国々も、通常の税以外の方法で通貨受領を行っている

参照：第2章『租税貨幣論』、第5章『債務ヒエラルキー・債務ピラミッド』の末尾のコラム

批判2 『政府が支出し放題なら、ハイパーインフレが起きるのでは？』

反論

- 生産キャパシティを超過するなら、MMTでの枠組みでも当然インフレは起こる
- 財政不履行リスクがないという話と、インフレが起こるかどうかの話は別
- ハイパーインフレは通常のインフレとは異なるメカニズムで生じ得る

参照：第3章『機能的財政論』、第2章『租税貨幣論』、4-8

批判3 『通貨発行者はあくまで中央銀行であり、政府ではないのでは？』

反論

- 中央銀行の発行通貨（現金、準備預金）は、税による駆動という形で流通価値を得る
- このため、中央銀行が完全に政府財政から独立して機能するということはあり得ない
- 財政履行に際して、中央銀行による補助的な金融調節が受動的に行われている

参照：第2章『租税貨幣論』

1-6 MMTに対するよくある批判とその反論 後編

引き続き、通俗的MMT批判に対する反論という形で、以降の章の紹介を行います。

批判4.「銀行融資は現金又貸しではないとするMMTの主張は誤り」

この点については、第4章「信用貨幣論・内生的貨幣供給理論」で論じます。通俗的には「現金の又貸しの連鎖によって銀行預金は増加し、この増加プロセスを“信用創造“と呼ぶ」とする謬見が流布されていますが、これは実際の金融実務とはほど遠いものです。

現実には、**信用創造は単に銀行預金の（銀行負債としての）無からの記帳という形で為されます**。銀行融資それ自体には、現金（ないし準備預金）の拠出や調達は必要とされません。法定準備制度がある場合は事後的に必要な準備預金が調達され、現金引出や銀行間振替などがあれば、その際に別途随時で調達されます。

批判5.「MMTの議論は、開放経済（国際経済）では当てはまらない」

MMTの開放経済（国際経済）への応用については、第8章「MMTの開放経済（国際経済）分析」で整理するように、**MMT独特の開放経済分析**（為替・通貨制度、貿易、国際収支……）が幅広く展開されています。

批判6.「MMTは社会主義、計画経済だ」

本書全編が如実に物語るところですが、**MMTはあくまで実際の金融、財政、経済システムを記述的かつ理論的に説明する枠組み**に過ぎず、どのような政策が形成されるかは、それぞれの“理解者”次第です。MMT派経済学者に限っても、計画経済志向とは言えません。たとえば、第7章で論じるジョブ・ギャランティは、市場メカニズムを陰に陽に前提とした政策提言であり、計画経済とはほど遠い代物です（＊そもそも、政府・中央銀行がマーケット・メーカーとして大きな役割を果たさなければ、市場は機能しません）。

MMTに対するよくある批判とその反論（後編）

批判4 『銀行融資は現金又貸しではないとするMMTの主張は誤り』

反論

- 通俗的な「現金又貸しによる信用創造」観は実際の金融実務とは異なる
- 信用創造は融資時における銀行預金（銀行負債）の無からの記帳という形で為される
- 現金や準備預金は、法定準備の後積み、現金引出、銀行間振替などの際に事後的に調達される

参照：第2章『租税貨幣論』

批判5 『MMTの議論は、開放経済（国際経済）では当てはまらない』

反論

- MMTにおいても独特の開放経済分析（為替・通貨制度、貿易、国際収支……）が幅広く展開

参照：第8章『MMTの開放経済（国際経済）分析』

批判6 『MMTは社会主義、計画経済だ』

反論

- MMTはあくまで実際の金融、財政、経済システムを記述的かつ理論的に説明する枠組み
- どのような政策が形成されるかはそれぞれの“理解者”次第
- ジョブ・ギャランティの提言を見るに、MMT派経済学者すら計画経済的とは到底言えない

参照：全編、特に第7章『ジョブ・ギャランティ』

MMT、リフレ派、積極財政派の違い

MMTとリフレ派、あるいはMMTと積極財政派は、しばしば類似物ないし同一と見なされることが多々ありますので、そうした“誤解”について整理しておきます。

まず、MMTとリフレ派についてです。

MMTとリフレ派（の一部）については、現在の日本財政が（主流派の経済学者ないし財政学者が想定するほど）危機的な状況ではないという見解という一点のみについては一致していますが、その他の部分では基本的にかけ離れています。

MMT側の詳しい主張については今後の章で明らかにしていきますが、まずMMTは、多くのリフレ派が「有効だ」と主張してきた量的緩和政策について、信用貨幣論・内生的貨幣供給論の理解から、根本的に無効であると断じています。

金利政策とそれを前提とする時間軸政策（インフレ目標政策）についても、その不確実性と不安定性から、MMT派は基本的に懐疑的ないし否定的に評価しています。

また、リフレ派は一般的にマンデル＝フレミング効果に依拠して財政政策に否定的な評価を下していますが、MMT派は逆に、実態的な金融財政理解を根拠に、マンデル＝フレミング効果に基づく財政政策否定論の誤りを明らかにしています。

MMT派とリフレ派は、似ているどころか、むしろ鋭く対立する経済論です。

次に、MMT派と、通俗的な積極財政派との相違点についても確認しておきます。

MMT派と積極財政派は、日本が財政危機であるという通俗的見解に批判的で、かつ（リフレ派とは違い）財政政策否定論にも批判的という点は似ています。

しかし積極財政派においては大抵、総需要拡充によって不況から脱却すれば、庶民の厚生は概ね改善すると主張されがちだと思われます。

MMT派は基本的に、そうした主張には組みしません。後の章で詳しく論じますが、総需要のみにフォーカスする財政出動は、一部の主体や企業に利潤が蓄積する形の不平等なインフレーションに帰結してしまうため、庶民の厚生を改善するには、より“的を絞った”財政政策策定が必要となると考えるからです。

経済論争についての事前知識のある方々は、上記のような論点を踏まえながら後の章を読み込めば、より理解が深まるのではないでしょうか。

第2章

租税貨幣論

現代の金融財政システムを理解するにあたって、まず通貨がどのようなシステムで運用されているかを理解するのは極めて重要です。通貨（政府貨幣）がどこから来て、どう流通し、どこに消えていくのか、驚くほど多くの人々が理解できていません（経済の専門家と思われている人々も含む）。通貨のシステムを理解して初めて、その中で国債（政府証券）がどのような役割を担っているかを理解できるようになり、財政システムの概観をつかめるようになります。

2-1

「モズラーの名刺」モデル

通貨・財政システムの大枠をつかむにあたって、MMT派が頻用する「モズラーの名刺」モデルを解説し、税による貨幣の駆動について論じます。

「モズラーの名刺」モデル

現行の通貨・財政システムを説明するにあたって、MMT派がよく用いるアナロジーが、MMT提唱者の1人、ウォーレン・モズラーによる「**モズラーの名刺**（Mosler's Business Card)」モデルです。これを簡潔に解説していきましょう。

ある日モズラーが自身の豪邸を自身の子ども達に掃除させようと思い立ち、報酬として自分の名刺を渡すことにしたとします。

しかし当然ながら、子ども達は、父親の名刺“なんか”欲しがりません。

そこでモズラーは、「月に○○枚の名刺を父親（モズラー）に渡さなければ勘当する」と通告したとしましょう。すると子ども達は熱心に家事をし、モズラーが“支出”する名刺を“稼ぐ”ようになるはずです。そして、モズラーから十分に名刺を“稼いだ”後に、事前に通告されていたモズラーへの名刺納付を行うことになります。

この“名刺”には何の価値もない

この際モズラーは、最終的に回収した名刺をどう処しても構いません。それ自体には何の価値もないので、名刺についた手垢や傷が気になるなら廃棄して、次に家事を課す際に別途に新しい“名刺”を刷り直せばよいのです（実際、アメリカの税務署では、一度納税が記録されれば、納税に用いられた紙幣はシュレッダーで処分される、とモズラーは指摘しています)。

現実の通貨システムも、大まかには、この「モズラーの名刺」と瓜二つのメカニズムで動いています。

名刺自体を発行する必要すらない

さらに言えば、この「名刺」経済を運用するにあたって、実際に名刺を発行する必要すらありません。

名刺の枚数を数字上（帳簿上）の存在そして記録（記帳）しておくことさえできるなら、実際に実物的に名刺が流通しなくてもよいのです。

現実経済でも、いわゆるベースマネーの大半は、紙幣ではなく、電子データとして計上され、機能しています。これは**通貨の本質が、その記録にあるのであって、実体にあるのではない**、という普遍的事実を如実に示しています。

「モズラーの名刺」モデル

ウォーレン･モズラー

モズラーの子ども達

「パパの名刺をあげるから家事しなさい」

「パパの名刺なんかいらないよ!」

「なら1か月にパパの名刺を●●枚集めないと家から追い出す!」

「…わかった、家事するよ」

家事をする

家事の給与として名刺交付

名刺を納付

居住許可（＊名刺は廃棄可）

2-2
“税が貨幣を駆動する”

2-1で論じた「モズラーの名刺」モデルを元に、税と貨幣の関係を整理します。

税が貨幣を駆動する

2-1の「モズラーの名刺」モデルを理解すると、民間がなぜ紙切れ（ないし電子データ）に過ぎない通貨を報酬などとして受け取るのかがわかります。

「国の信用」「政府の信用」といった曖昧な基準ではなく、「**その通貨が政府に対する支払手段（納税手段）として使えるか**」というのが、通貨の流通において重要なのです。

このように、**税は人々に貨幣を稼得・保有するインセンティブを与える役割があります。**

こうした見方を、MMTでは**タックス・ドリブン・マネタリー・ビュー**（Tax-Driven Monetary View）と言います。

税による駆動の構造

上記に対し、「納税手段としてのみ通貨が発行されるのであれば、通貨は政府との間でしか取引されず、経済全体の決済単位にならない」という批判があります。

しかしこれはやや浅薄な批判です。というのは、広く租税を課されれば、人々は政府からの仕事の受注だけでなく、通貨を貯蓄している他の人々への生産物販売も自然と起こるようになるからです。

また、仮に一部の人々にしか課税されていなくても、その他の非課税な人々にも通貨の貯蓄需要があります。というのは、納税のために通貨を稼得しなければならない人々に対して通貨を支払うことで、その人々から経済資源（生産財や労働力など）を獲得することが可能となるからです。

こうして、徴税が経済全体に一定以上の規模と確実性の元で成立するようになると、自然と**人々の決済手段や決済単位として通貨が利用される**ようになっていきます。

通貨を残すための財政赤字

だからといって政府が既発通貨を徴税によって全部回収・破壊してしまうと、取引や貯蓄の分の通貨が民間部門に残りません。**政府は、民間の取引需要・貯蓄需要に合わせ、民間部門のための通貨を財政赤字によってわざと残す必要があります。**

一般的に、財政は均衡が基本と思われていることが多いですが、民間が通貨貯蓄を一定以上行うという妥当な想定のもとでは、むしろ**財政は平均的に赤字を続けるのが【常態】**という、直観に反した結論が得られることになるのです。

税による貨幣の駆動／財政赤字による通貨残存

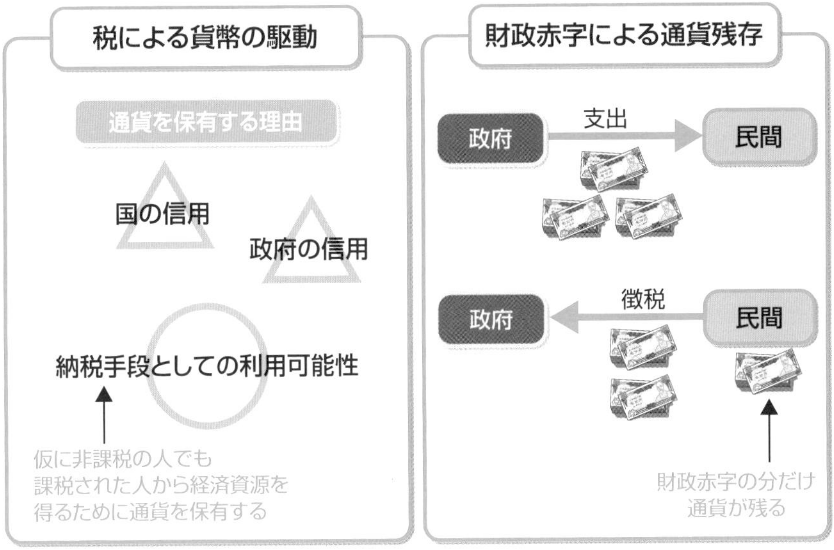

2-3 支出が先、税が後

財政について、「税でお金を集めてから支出する」という【家計簿的発想】で捉えている人々が多いですが、MMTを学ぶことで、実際の財政システムを理解し、この“誤解”を解くことができます。

その『お金』はどこから来る？

「政府は、資金を調達するために徴税や借金をしなければならない。家計と同じで、使うお金は用意しておく必要がある」というのが、人々のごく一般的な認識だと思われます。しかし、このよくある“誤解”を信じ込んでいると、「集めて支出する『お金』はどこから来る？」という、シンプルかつ根本的な問いに答えることができません。

政府が支払手段（納税手段）として受け付けるのは、基本的に現金（紙幣や硬貨）、あるいは中央銀行の準備預金に限られます（銀行預金の引き落としの場合でも、その裏では銀行が準備預金を納付しています）。その現金、中央銀行準備預金はどうやって供給されるのでしょう？「中央銀行が供給している」というのは一面的には事実ですが、ではどのように供給するのか、あるいは、中央銀行が発行する紙切れや電子データがなぜ決済手段として民間に受け入れられて【お金】として機能するのか、といった問いに答えなくてはなりません。

政府支出≡通貨発行、租税≡通貨回収・破壊

MMTの理解では、この点は極めてシンプルに理解され、記述されます。2-1で紹介した「モズラーの名刺」モデルを思い起こしてください。「モズラーの名刺」モデルにおいて、名刺がモズラーの雇用支出によって発行され、子ども達の名刺納付によって発行された名刺が回収されたように、**通貨は政府支出によって発行されるのであり、一方で徴税は既発通貨を回収・破壊する措置**なのです（これがいわゆる、**スペンディング・ファースト**と呼ばれる考え方）。

厳密には、L・ランダル・レイ著『MMT現代貨幣理論入門』で詳細に解説されている通り、中央銀行による適宜の国債売買などの複雑な取引が並行して行われているのですが、全体的・本質的には、**政府支出が民間に通貨を供給し、税は民間の通貨を奪うように働いている**のです。政府支出が通貨の供給源であるという実態を理解すれば、「**民間が税を払うには、まず事前に政府支出によるあらかじめの通貨供給がなくてはならない**」ということが即座にわかり、「政府は支出のために税であらかじめお金を集めなくてはならない」という通説が、実際とはまったく逆の、誤った認識であることが理解できるようになるはずです。

支出が先、税が後

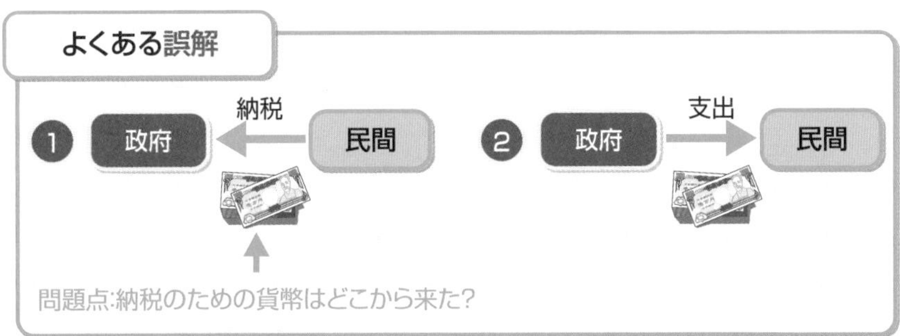

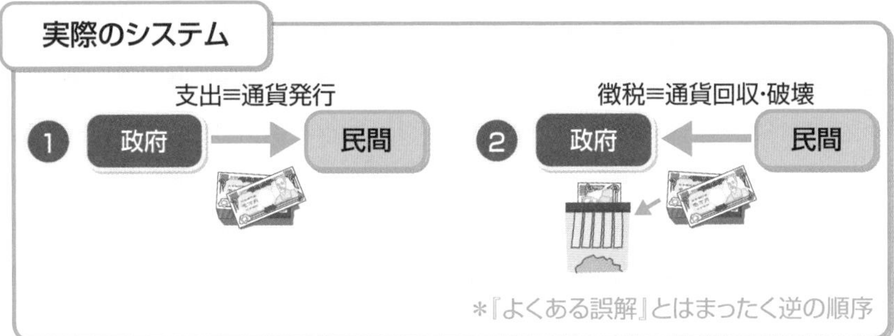

2-4

国債は金利操作のためにある

「政府支出＝通貨発行」、「税は既発通貨の回収・破壊措置」ということがわかると、自然と「では国債は何のためにあるのか」という疑問に行き着きます。ここでは、国債の役割について論じていきましょう。

国債発行は資金調達手段ではない

政府支出は通貨発行を通じて行われ、税は事後的に発行通貨を回収・破壊するというのが財政システムの大枠だということは論じてきました。それでは、国債は一体何のために発行されているのでしょうか。

ここで注意して欲しいのは、政府支出による事前の通貨発行があらかじめ行われていなければ税による回収・破壊は実行できないのと同様に、**政府支出による事前の通貨発行があらかじめ行われていなければ、国債を発行することはできない**ということです。

L・ランダル・レイ著『MMT現代貨幣理論入門』で詳説されているように、現在の財政では、**「政府が支出を決める」→「中央銀行が一時的に市中の既発国債を準備預金へと交換する」→「政府は、中央銀行があらかじめ用意した準備預金を新発国債で吸い上げ、その後支出して再び準備預金を市中に戻す」→「中央銀行は還流してきた準備預金を、一時的に預かっていた既発国債へと交換する」**という、財政と中央銀行が一体となった複雑な財政手続きを行っているのですが、これが成り立つのは国債市場が事前に成り立っているからで、“国債市場以前”であれば、たとえば「中央銀行による国債直接引受」→「政府支出による準備預金増加」→「中央銀行の売りオペによる準備預金の一部回収（国債への交換）」という高橋財政（＊戦前の財務大臣：高橋是清による財政出動政策）型のような仕組みにならざるを得ないでしょう。

いずれにしても、政府の支出に応じて、中央銀行が適宜国債を売買して準備預金を調節するのであり、国債発行が本質的な意味で民間からの資金調達手段として機能することはありません。

国債は金利操作のために発行される

それでは、国債は一体何のために発行されるのでしょうか？

それは**銀行間市場（銀行間で準備預金を貸し借りする市場）の金利（短期金利ともいう）を操作するため**です。

銀行間市場金利が高すぎれば、中央銀行は国債買いオペを行い、逆に銀行間市場金利が低すぎれば、中央銀行は国債売りオペを行います。

その際、売買される短期国債の金利は、裁定的に銀行間市場金利とほぼ同じ値に収れんすることになります（詳しくは図解参照）。

国債は金利操作のためにある

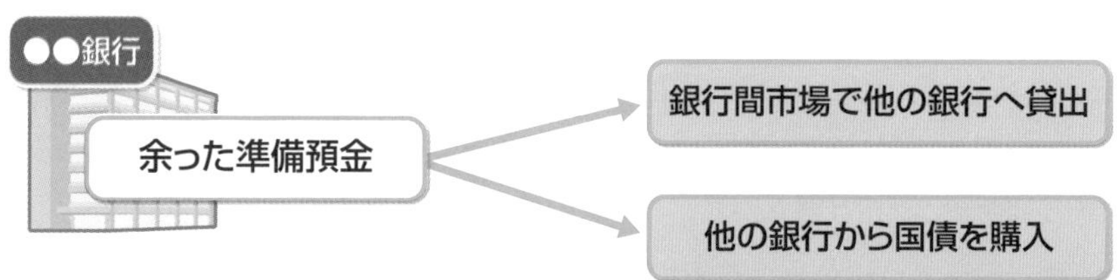

※銀行間で余った準備預金を『押しつけ合う』ことはできても、銀行システム全体で準備預金余剰を解消することはできない。銀行システム全体の準備預金余剰を解消するのは中央銀行の売りオペか、政府による徴税のみ。

2-5 現代通貨制度における財政システムの概観

「支出が先、税が後」、「税が貨幣を駆動する」、「国債は金利操作のためにある」といったMMT的経済理解を基礎に、現実の通貨・財政の構造の全体像を整理していきましょう。

統合政府（政府＋中央銀行）で考える

これまでの議論を総括し、財政制度の大枠を整理して論じていくにあたって、政府と中央銀行を完全に分割してシステムを理解することは不可能です。というのは、そもそも中央銀行の発行券（ないし発行データ）が流動性・決済能力を持つには、「政府への納税手段として使える」という財政制度的裏付けが必要ですし、一方の政府も、財政支出において中央銀行による適宜の準備預金調節（＊これは“事実上の”財政ファイナンスと言えます）を必要とするからです。

通貨・財政システムを考察するには、**統合政府**、つまり**政府と中央銀行を総合して考えるMMT的な観点**が必須となります。

統合政府負債＝通貨＋国債

政府と中央銀行を分割せず、統合政府として総合して見ることで、財政における統合政府と民間の関係、及び通貨と国債の位置付けを理解しやすくなります。民間が保有する通貨は（中央銀行でも準備預金は負債勘定されていますが）、統合政府レベルでは負債に計上されます。会計学的な複雑な議論はここでは割愛しますが、端的に言うと、「政府に対する支払手段として使える≡政府の請求権を相殺できる」という意味で、民間保有通貨は政府にとっての負債（政府に対する債権）に他なりません。システムの概観としては、**政府支出≡通貨発行によって民間に通貨が供給され、通貨の一部が国債に交換される**、という構図になります（詳しくは図解参照）。

国債は、通貨を一時的に回収して、将来により多い通貨を渡すということだけを約束するもので、国債が履行されても統合政府負債（＝通貨＋国債）は減少しません。「国債は返済しなくてはならないが、通貨は返済しなくてよい」という世間の認識は、事実とは正反対です。通貨こそ、政府への支払手段（納税手段）として償還されるものであり、国債は通貨（将来のより多くの通貨）との交換を約束したものに過ぎないからです。

また同時に、「**民間全体では累積財政赤字の分しか貯蓄することはできない**」という事実にも注意する必要があります。民間トータルで貯蓄しようと思ったら、その分の財政赤字≡統合政府負債（通貨＋国債）の"純"供給がなくてはならないからです（詳しくは図解参照）。

統合政府レベルで見た通貨・財政システムの概略

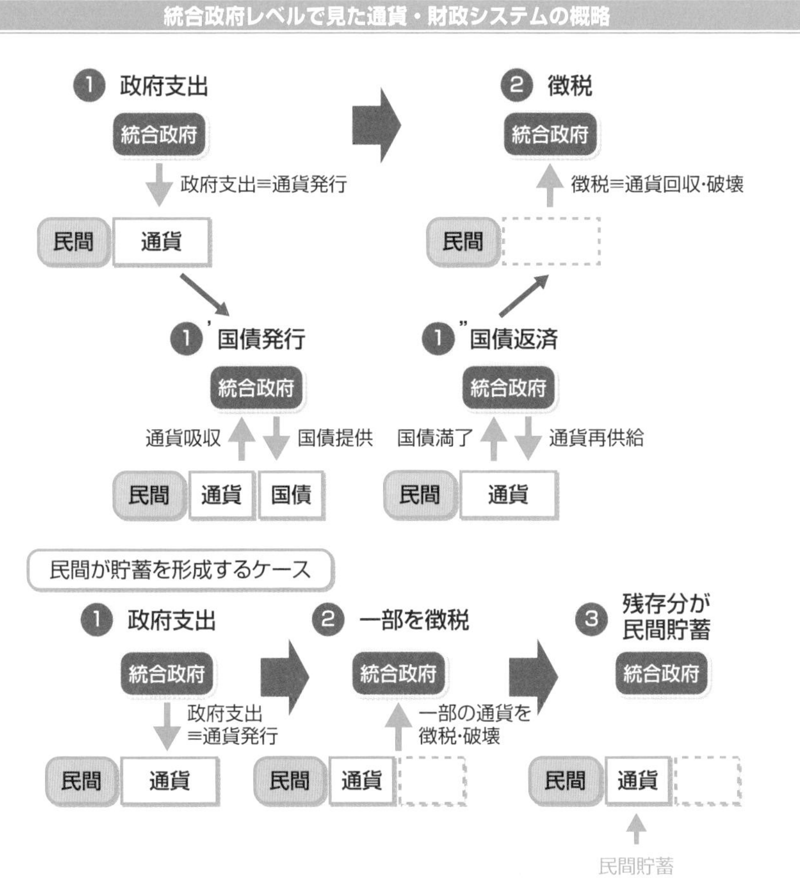

2-6 政府と中央銀行の連結の詳細

政府と中央銀行の会計上の連結について、それぞれの取引の詳細を確認しつつ、連結して整理することにします。

政府と中央銀行のそれぞれの取引

第2章では一貫して、政府と中央銀行を統合的に扱って（「統合政府」として）議論を進めてきました。しかし、実際に政府と中央銀行がそれぞれどのような取引を行っていて、それが全体でどのように「連結」されるのか、という具体的なところが気になる方もおられるでしょう。

ここでは、政府支出において政府と中央銀行がそれぞれどのような取引を行い、それが全体でどう「連結」されるかを、図解つきでまとめてみることにします。

まず、政府支出を行う旨が政府（財務省）から中央銀行へ共有されれば、中央銀行は買い現先（売り戻し条件付き取引）であらかじめ銀行から国債を購入し、準備預金を供給しておきます。

その後、政府は国債を発行し、中央銀行があらかじめ供給していた準備預金を回収して、その後に支出することで再び民間へ準備預金を還流させます（このとき、政府支出先の非金融主体の銀行預金の増加も生じます）。この時点では、トータルで見ると、政府支出の分だけ、民間が保有する準備預金が増加することになります（民間保有国債の残高は、中央銀行の事前の買いオペがあるので、変化していません）。

このままでは、政府支出による準備預金増加の分だけ銀行及び銀行間市場での準備預金が過剰になり、銀行間金利に**低下圧力**がかかってしまいます。中央銀行が銀行間金利を政策金利へと調節しようとする場合、最初に行った現先取引の契約通り、準備預金を回収して、最初にあらかじめ購入していた国債を銀行へと返還します。こうして、政府支出による銀行間金利の低下が防止されるという構図です。

統合政府への連結

　以上を連結すると、結局2-4で図解したような統合政府レベルでの取引と実質的にまったく同じ取引が生じていることになります。見比べてみると、統合政府レベルで扱うほうが明解な上に、本質を捉えやすいことがわかると思います（政府と中央銀行を分割して扱うほうが、難解な上に本質を捉えにくいことに注意する必要があります）。

政府と中央銀行の連結

①中央銀行が商業銀行へあらかじめ現先取引で準備預金を供給。その後に政府が国債発行で準備預金を再度吸収

中央銀行
政府
準備預金
準備預金
国債
国債
商業銀行

②政府支出によって準備預金が還流。中央銀行は、銀行間金利が下がりすぎないようにするため、現先取引の契約通り、準備預金を回収して国債を返還する。

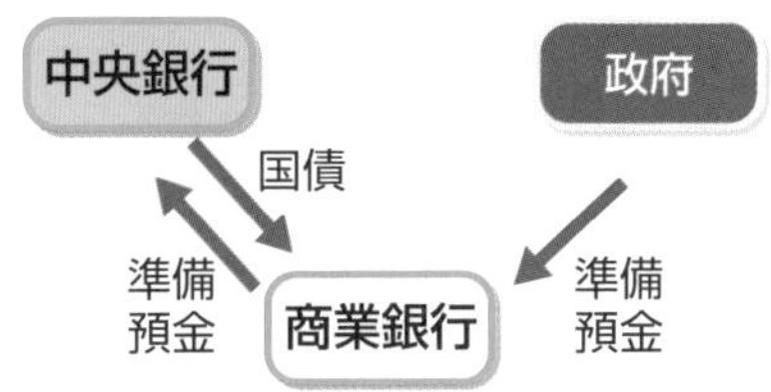

中央銀行と政府を連結して（統合政府レベルで）概観すると、
①政府支出で準備預金追加
②国債提供で準備預金回収（銀行間市場金利の低下を防止）
とまとめられる

貨幣の起源と歴史 ～商品貨幣論・金属主義の誤謬～

世間一般では、物々交換経済から貨幣が発生し、商品貨幣・金属主義から、信用貨幣へと移行した、という説が主流となっているかと思います。

しかしながら、こうした俗説は、人類史や貨幣史の実証研究からは支持されません。

実際には、人々の贈与・信用関係から、計算単位としての貨幣が発生し、それを基礎に売買経済が構築されていった……というのが、史実ベースの貨幣経済史となります。

この過程で計算単位とされたものは、穀物や金属などの実際の商品であることが実のところ一般的ではありましたが、その機能はあくまで、貸借関係を記録するための指標に過ぎません。ヤップ島の石貨フェイのように、原始的な経済においてすら、商品ではないものが単位として利用されることもありました。

また、金属貨幣の歴史に一般に共通する事項として、金属貨幣の価値は、含有金属の価値には基本的に一致しなかった（基本的に、含有金属よりずっと高い貨幣価値で取引された）ということが知られています。むしろ逆に、貨幣価値を鋳造し直して含有金属価値に近づけようとする営為が歴史上で繰り返されるたび、経済は不況へと陥りました（逆に、含有金属価値を落とすような改鋳は、発行量が過度であれば当然インフレを起こすものの、含有価値低下の分だけ物価高騰が起きるというようなことはありませんでした）。

加えて、本章で取り上げたタックス・ドリブン・マネタリー・ビューも、単なる理念型ではなく、歴史的事実に基づくものです。たとえば、欧州各国が植民地支配を行うにあたり、独立した経済構造を持つ植民地に対して自国通貨を何とか流通させるために、自国通貨建ての課税を並行して行うといった方策を取っていました。また、日本史的にも、地租改正などに伴う円課税への切り替えが、円通貨流通を基礎付けたという事実があります。

MMTは、こうした実際の貨幣史の知見をベースにしながら、貨幣論、貨幣経済論を展開しているわけです。

第3章

機能的財政論

前章「租税貨幣論」では、「税は財源ではない」（税は、既発通貨の回収・破壊措置に過ぎない）、「国債も財源ではない」（既発通貨を代償とした債券の提供に過ぎない）ということを確認しました。その上で、財政はどう考えられるべきなのでしょうか。

そこでフォーカスされるのが、アバ・ラーナーが提唱した機能的財政論です。そこでは、「収入とその支出（分配）」というよくある誤解を廃し、政府支出（≡通貨発行）の経済的効果、及び租税（≡既発通貨回収・破壊）の経済的効果を、それぞれ考察するべきだと論じられます。その概略を見ていくことにしましょう。

3-1

機能的財政論とは何か

財政が単なる「調達」と「分配」ではない、ということを理解した今、財政を評価するにはまったく別の基準が必要であり、それが機能的財政論になります。

財政の実際の経済的機能・効果を見る

機能的財政論（Functional finance）は、その字の通り、財政の実際の経済上の機能にフォーカスして、財政を評価する考え方です。政府が（中央銀行と一体的な）通貨の"発行者"であり、税や国債はいわゆる"財源"ではない、ということは第2章で確認しました。このため、財政的不均衡、ないし累積財政赤字がどれほどあるか？ といった財政単体の数値は、政府財政において（たとえば、不履行などの）問題を生ずることはあり得ません。問題となるのは財政政策の実際の経済的効果のみです。

実物的に考える財政

税が金融的に財源にならないことはすでに確認した通り当然ですが、では実物的に見た場合はどうでしょうか。

実物レベルで見ると、民間から政府へと実物資源（労働力や資材など）が移動するのは、税の時点ではなく、政府支出の時点ですから、**"実物的徴税"のサイズは、（税収ではなく）政府支出高に一致する**ことになります。

経済全体にもうまったく生産力余剰がない場合は、徴税によって購買力を一部剥奪して、その分を政府事業に回す、ということもあり得なくはないです。しかし、一切の生産拡大余地が永久的にない経済というのはいささか特殊すぎるので、そうしたケースは必然的にマイナーなものと想定せざるを得ません。

税が金融的な財源ではないのは当然として、さらに実物的な財源として捉えることも難しい（基本的には、実物的財源調達手段とは見なせない）のです。

機能的財政論で見るべき経済的機能・効果

さて、機能的財政論の観点から、財政の実際の経済的機能・効果に焦点を当てるとして、どのような指標・経済状況に目を向けるべきでしょうか。

一つは**不況**や**不完全雇用**でしょう。経済が不況に陥り、失業者やワーキングプアが溢れかえる経済においては、有効需要及び雇用を補填するような政府支出拡大や減税が必要になるでしょう。この結論は、それまでに積み重なった累積財政赤字がどれだけ大きいかとはまったく無関係であり、累積財政赤字が膨れ上がっていても、不況･不完全雇用に対しては、さらなる財政拡張が求められます。逆に、経済がインフレーションをきたしている場合は、むしろ緊縮財政を行うべきであり、仮に財政が黒字に向かっていても、経済全体でインフレが亢進してくるようであれば、財政の引き締めに転じなくてはなりません。

このように、財政単体の指標や数量は、望ましい財政政策を決める手掛かりにはまったくならず、**現実の経済状況だけが財政政策指針の基準となる（べき）、という考え方が機能的財政論**なのです。

機能的財政論の要諦

機能的財政論の考え方

- ○ **経済が不況か、インフレか** [不況なら拡張、インフレなら縮小]
- ○ **完全雇用か、不完全雇用か** [不完全雇用なら雇用拡大]
- × **税収が支出より多いか、少ないか** ⇐ 税収は元手ではないので無意味
- × **累積財政赤字が多いか、少ないか** ⇐ 累積赤字は支出の可否に無関係

3-2 財政政策の手法：裁量的財政政策の忌避と自動安定化重視

先ほど整理した機能的財政論の要諦を踏まえ、実際にどのような財政政策が志向されるかを整理します。

裁量的財政政策の忌避

一般にMMT派の経済学者は、財政政策による経済安定化を狙う関係上、裁量的財政政策を嫌います。

というのは、**裁量的な政策**は、「**①後手に回りがち**」で、「**②本当に支援を必要とする層に届きづらい**」上に、「**③規模も不適切になりやすい**」からです。

MMTを引用しつつ裁量的財政政策を主張したり、あるいはその逆に、裁量的財政政策への批判をそのままMMT批判に転用したり、という錯誤が昨今目立ちますが、いずれもMMT（あるいはMMT派経済学者）に対する誤解に基づくものです。

まして、あるインフレ率ないし名目GDPを目指して財政出動するなどといった政策方針は、決してMMTから理論的に導出されるものではありません。

たとえば、ある政策（公共工事にせよ、教育事業にせよ、福祉事業にせよ）を行うにあたり、実物資源逼迫によるインフレ亢進が予想されるかどうかによって、実行の如何や、計画全体のペースの調整について検討するというのは（機能的財政論的にも）妥当ですが、それは公共事業の出し入れや計画期間調整によって経済調節するという意味ではなく、あくまで実体経済変動への適宜随時の対応に過ぎません。

何らかの公共政策の発動に際して実物資源的影響を勘案・警戒しておくということと、「インフレが生じない間は財政拡張を行い、インフレが生じたら拡張を止めればよい」などという主張は、まったく別物です

制約条件として実物資源逼迫（＊インフレはその症候に過ぎない）を意識することと、インフレ率を目標にした裁量的財政調整論は厳密に区別されなくてはならないのです。

自動安定化政策を志向

上記のため、MMT派の学者は、**迅速かつ公平な自動安定化機構を持つ財政制度を好みます。そうした財政制度**は、「**①経済状況変化に対して即応的**」であり、「**②支援を必要とする層に支援が向かうようデザインすることが可能**」で、「**③状況に合わせた規模の財政支援が自動的に施行される**」からです。

その一環として、ジョブ・ギャランティ（Job GuaranteeあるいはJob Guarantee Program：“就業保証”プログラム。Employer of Last Resort：“最後の雇い手”政策とも）や累進課税が強調されるのです（注意して欲しいのは、インフラ投資や教育政策といった、必要不可欠な公共政策に自動安定化を組み込むべきという話ではないということです。一般的な公共政策と、経済調節のための自動安定化機構は、厳密に区別されなくてはなりません）。

財政政策の手法

財政政策の手法

△　裁量的財政政策：
①後手に回る
②必要な層に届きづらい
③規模が不適切になりがち

➡ 迅速かつ公平な自動安定化機構（ビルトインスタビライザー）を志向。
①即応的
②必要な層をターゲティング可能
③状況変化に応じた規模になる
[例：ジョブ・ギャランティ（Job Guarantee）、累進課税制度……]

＊インフラ投資、教育支出などの通常の公共政策は、こうした経済調節のための財政政策とは区別する

3-3
支出①
「呼び水」政策の落とし穴

財政の経済上の実際の効果に焦点を当てる“機能的財政論”の観点から、支出政策をさらに深く考察していきましょう。

「呼び水」政策とその落とし穴

3-1では、「不況・不完全雇用に対しては、それまでの累積財政赤字の大きさとは無関係に、財政拡大ないし減税が必要になる」とする、“初歩的”な機能的財政論の議論を解説しましたが、ある支出が実際にどのような効果をもたらすかについては、より具体的かつ厳密に考える必要があります。

たとえば、ある事業や分野に先行的に財政刺激を行って民間投資を誘発する、いわゆる**「呼び水」政策**（一般に、投資減税や加速償却のような、税制での投資誘発も伴う）は、好意的に受け取られることが多いのですが、実際にはいくつかの問題を抱えています。

一つは、**民間投資の本質的な不安定性**です。

通貨発行者である政府の支出拡大（≡通貨発行）には不履行リスクが原理的に存在しない一方、通貨利用者である民間の支出拡大には決済上のリスクがつきまとうので、民間信用の相対的拡大に伴い、経済の不安定性は増します。

もちろん、不安定だからといって民間信用の拡大それ自体を妨げようとするのは不合理ですが、「呼び水」政策が問題なのは、政府支出以上に民間投資を一層膨張させようとする意図を持って施行されてしまうところです。大抵の場合、刺激に成功した後の政府支出は、打ち止め・手仕舞いになってしまいがちで、膨張した民間投資が十分な利潤を回収することを妨げる方向に働いてしまいます。

もう一つの問題は、**分配の不公平**です。

事業・分野単位での政府支出、及び誘発された民間投資においては、内部で交渉力が強い主体（大企業、市場支配力の強い部門、あるいは場合によっては労働組合）に利益が集中し、それ以外の主体にはあまり回らないということが起きます。

その結果、支配力の強い企業や部門に所得・利潤が蓄積します。

そうした中で供給的なボトルネックによってインフレが生じる場合、交渉力・市場支配力の強い企業や部門に所得・利潤が確保される上でのインフレとなるので、不平等の拡大に働きます。労働組合などによる既存労働者の賃金上昇・確保が行われる場合も、失業者の増加などによって代償される恐れがあります（いわゆるスタグフレーションは、こうした構造で生じます）。

完全雇用達成の阻害も

さらに、以上二つによって、「呼び水」型の財政政策は、いわゆる完全雇用を達成できないか、達成できたとしても一時的となる可能性が高くなります。

というのは、一時的に完全雇用に達しても、不安定な民間信用が収縮に転じることで短期間で終わってしまったり、完全雇用を達成する前に一部企業・部門に利潤が蓄積するタイプのインフレが生じてしまったりするからです。

「呼び水」政策の落とし穴

「呼び水」政策とは

- 民間投資誘発型の財政政策のこと
- [デメリット]
  - ・民間信用の不安定性
    - ➡経済の不安定化
    - ➡完全雇用実現が不安定・一時的
  - ・分配の不公平性（一部への利益集中）
    - ➡完全雇用を実現する前に、“不平等な”インフレが起きる

3-4 支出②「的を絞った支出」

前節で確認した"「呼び水」政策の落とし穴"を踏まえ、「的を絞った支出」の有効性・必要性を論じます。

「的を絞った支出」

MMT派の経済学者たちは、前項で論じたような「呼び水」政策のデメリットを踏まえ、「**的を絞った支出**」を志向します。

「的を絞った支出」というのは、簡単に言えば、民間支出の不安定性や自由経済における分配の不平等性を加味しながら、財政的支援を本当に必要としている人の経済厚生が改善するように政府支出が行われる支出デザインのことです。

たとえば、完全雇用と下層の所得安定化を目的として、ジョブ･ギャランティ("就業保証"プログラム、"最後の雇い手"政策とも。一定賃金の雇用を無制限に供給する政策)が特に強調されます。その具体的内容については後の章で検討しますが、MMT派の主張は単純な積極財政論にはとどまらないということは、押さえておかなくてはなりません。

「的を絞った支出」の効果

3-3では、「呼び水」政策のデメリットを、「①民間投資の不安定性とそれによる完全雇用到達の不安定性」、「②分配の不公平性とそれによる完全雇用の未達」、という2点でまとめました。

これに対し、「的を絞った支出」は、①に関しては、**下層〜庶民層の所得水準を下支えすることを通じて、社会全体の総需要水準の不安定性を抑制**します。

加えて、**ジョブ・ギャランティを志向することで、経済状況の変動に関わらず完全雇用をキープ**できます。

また、②に関しては、**下層〜庶民層にターゲティングした支出プログラムを組むことで、インフレ発生時において交渉力の強い主体に利潤が過剰に蓄積し、下**

層〜庶民層の所得が抑制されてしまうという事態を一定程度防ぐことができます。

特にジョブ·ギャランティの施行時は、完全雇用を【事前に】実現することで、「完全雇用に到達する前にインフレになってしまう」というような「呼び水」政策型の失敗を回避することができるのです。

理論的背景

MMTが「的を絞った支出」を強調する理論的背景について端的にまとめておきます。

アバ・ラーナーが初期に提唱したタイプの素朴な機能的財政論（単に不況に対して拡大し、好況に対して縮小するような財政システム）は、いわゆるスタグフレーション（インフレ+不況）の中で、少なからぬ疑義を呈されるようになりました。

ラーナー自身、後年は反循環的財政政策の破棄、均衡財政の徹底、金融政策へのマクロ経済政策一元化、賃上げ規制といった、ポストケインジアンらしからぬ政策提言を行っています。

これに対して、ミンスキーは、ポストケインジアン的な経済理解に基づき、本章で論じてきたような、総需要のみにフォーカスするケインジアン的財政政策の失敗の構造を明瞭に分析してみせました。その結論として、的を絞った支出と、金融規制の終わりなきブラッシュアップの必要性を導いています。

MMTの財政政策理解や提言は、こうしたミンスキー的な経済財政システム理解に大いに基づいたものとなっているのです。

「的を絞った支出」とその効果

「呼び水」政策のデメリット：

①民間投資の不安定性と、それによる完全雇用到達の不安定性
②分配の不公平性と、それによる完全雇用の未達

「的を絞った支出」を志向
（例：完全雇用と下層の所得安定化を目的としたジョブ・ギャランティ）

- 下層〜庶民層の所得水準を下支えして、社会全体の総需要水準の不安定性を抑制
- ジョブ・ギャランティで完全雇用をキープ
- 交渉力の強い主体に利潤が蓄積してしまう事態を防止
- 「完全雇用に到達する前にインフレになってしまう」というような失敗を回避

3-5

税①
税の経済的効果と「悪」への課税

支出政策の“機能的財政論”的考察に引き続き、税の経済的効果についても考察していくことにしましょう。

税の効果は購買力の剥奪

第2章でも重々論じた通り、税は通貨を回収・破壊する措置として機能し、その結果として、非政府部門（民間）の購買力を剥奪し、低下させるように働きます。徴税は、**収入のためでもなければ、政府支出の元手でもなく、単に民間の純金融資産を減らす措置**なのです。

注意して欲しいのは、第2章で論じたような「**税による通貨駆動**」と、上記の「**税の購買力剥奪**」は、別物であるということです。通貨駆動のために施行される徴税が、あくまで“結果として”購買力剥奪効果を持つという構図であるに過ぎません。

税の本質的目的は購買力剥奪ではなく、購買力剥奪による総需要調節でもない、ということには最大限留意しておかなくてはならないのです。

一応留保しておきますが、経済全体の生産キャパシティが逼迫しているときに、購買力を一部奪うことで財政支出のための余剰生産リソースを確保する、ということはあり得ないわけではありません。

しかしながら、生産キャパシティ余剰がある場合や、生産力成長の余地がある場合は、必ずしも課税による購買力の剥奪が事前に要求されるわけではありません。このため、実物面で考えた場合も、徴税を政府支出のための“元手”として扱うのは明らかに不適切ということになります。

「悪」への課税

税は、購買力剥奪というペナルティーを通じて特定の行動を抑制することができます（タバコ税による喫煙抑制、炭素税によるCO_2排出抑制など）。

これを踏まえ、ランダル・レイは、「**住空間立法フィート税**」という、住空間の体積に課税する手法を例示しています。

「住空間立法フィート税」の場合、空間利用へ課税することで環境コストを抑制する上に、人間は誰もが住空間を必要とするため、（禁煙が浸透すれば課税額がゼロになるタバコ税とは異なり）持続的な課税が為されることになります。

また、大豪邸を建てるような富豪に対して、累進的に税が働くという格差是正の側面もあります。

反循環性には乏しいのが住空間立法フィート税の難点ですが、広範囲の持続的課税による安定的な通貨駆動と、「悪」への課税を両立するアイデアの一つではあります。

これはあくまで一例に過ぎないものの、税の設計は、こうした税の経済的効果や行動上の効果を主軸にしながら考えられるべきです。

各期において政府支出高と一致しておかなくてよいのですから、たとえば“取りやすさ”などに拘泥する必要はありませんし、むしろそうしたことに拘泥することによって、かえって経済上・行動上の悪影響が目立つということも懸念しておかなくてはなりません。

機能的財政論における税の経済的効果

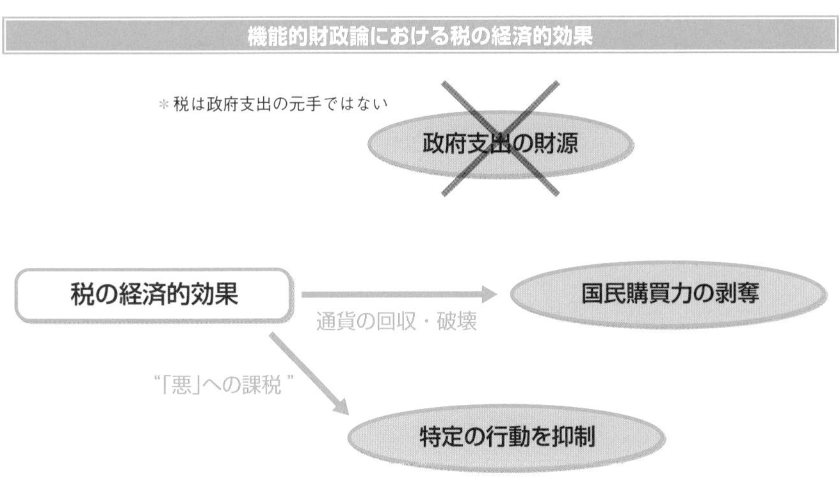

3-6

税②
望ましい税制／不適切な税制

税の経済的効果と、経済システムの構造を踏まえ、各種税制の経済的帰結について考察します。

望ましい税制／不適切な税制

3-5でまとめた通り、税が購買力の剥奪である以上、経済状況に関係なく税収の水準を決めてしまうと、経済調節上問題が生じます。

というのは、不況下ではさらに購買力を奪ってしまうことになりますし、逆にインフレ下では十分な購買力抑制ができないという事態に陥ってしまうからです。

目指すべきは経済安定化であることを考えると、税収安定化のために経済を不安定化させることは本末転倒です。

この場合、たとえば累進課税のような、不況期には自然と税収が減り、インフレ期には自然と増収する、いわば"反循環的"な税制のほうが、少なくとも総需要調節に限れば比較的好ましいということになるでしょう。

また、消費税のような、不況期にも好況期にも一定の税収が確保“されてしまう”税制の場合は、不況期の負担感は強くなり、また好況期には十分な総需要への抑制がかからないという状態になってしまいます。

もちろん税制は、3-5でも触れたように、行動上のインセンティブへの影響もあるため、それらも複合して考える必要はありますが、まずは**経済調節・総需要調節における効果**を政策決定の主軸に据えるべきでしょう。

税負担の「転嫁」を考慮する

また、MMT派経済学者のランダル・レイは、法人税に関してビアーズリー・ラムルやハイマン・ミンスキーを引用し、**企業側の交渉力が十分に強い場合は、法人税増税分が価格上昇か賃金低下のいずれかに「転嫁」されてしまう**という構造を指摘しています。

MMTが引用するポストケインズ派経済学の想定では、企業（特に交渉力の強い企業）は自身の利潤をあらかじめ定めて、それをコストに加える形（**コストプラス**ないし**マークアップ**と言います）で価格を決定します（こうした価格決定を**フルコスト原則**と言います）。

こうした（非主流派的な）価格決定メカニズムにおいては、法人税増税は、利潤維持のため価格か調達コスト（主に賃金）のどちらかに転嫁されることになるわけです。

利潤の多い企業からより多く取ることを目的とした法人税増税であるにも関わらず、実際には企業以外の部分（消費者や労働者）に負担が行ってしまって逆効果になる可能性があることには十分注意しなくてはなりません。

また、法人税増税は他にも、企業の借入、及び広告費や経営幹部への支出などを増やす圧力になるため、不安定、非効率、かつ不公平なものになり得るとレイは論じています。

望ましい税制／不適切な税制

望ましい税制		不適切な税制
経済状況に応じて税収が変化 （“反循環”的税制） 例：累進課税など	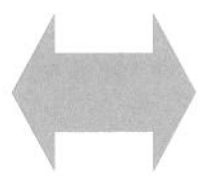	（不況であっても）安定税収 例：消費税など
所得に応じた応能的課税 例：累進所得税や、 累進資本所得税など	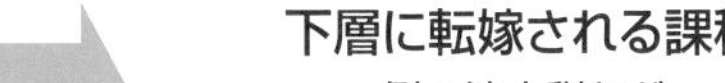	下層に転嫁される課税 例：法人税など （＊交渉力の強い企業への法人税増税は、 低賃金や価格上昇へと転嫁されがちであるため）

3-7 機能的財政論で考える「政府債務の将来負担」問題

機能的財政論の基本的議論を踏まえた上で、世間を騒がせている「政府債務の将来負担」(【将来へのツケ回し】)問題について論じていきましょう。

あり得ないタイムトラベル

機能的財政論に基づけば、仮に支出が過大で、税が過少であったとしても、それが引き起こすのは総需要の総供給に対する超過（総需要>総供給）だけです。

この場合、発生し得るのは基本的に「現在の」インフレでしかありません。

現在我々が“支出しすぎた”としても、それによって逼迫が生じるのは、現在における生産品や生産資源であって、将来から財やサービス、資源が“タイムトラベル”してくるなどということは絶対にあり得ないからです。

このため、**現在の累積財政赤字増加は、少なくとも実物面では、「将来へのツケ回し」にはなり得ない**(「現在の」総需要超過にしかならない)ということになります。

「政府債務の将来負担」の詳しい論理とその問題点

それでは、主流派経済学、財政学における「**政府債務の将来負担**」は、一体どういう論理で主張されているのでしょうか？

端的に言えば以下の通りです。

まずすべての立論の前提として、現在の累積財政赤字（≡民間純金融資産）が大きすぎ、将来には必ず徴税で回収しないといけないと“仮定”します。

この仮定の下では、徴税を先送りにした場合、今の時点で貯蓄をしている人が、その貯蓄していた金融資産を将来的に徴税によって剥奪されることになります。

すると、現在から将来に跨って貯蓄を行い、消費を先送りにしていた特定の世代（だけ）が損をすることになってしまうのです。

……以上が「政府債務の将来負担」「将来へのツケ回し」のロジックです。

このロジックは、「そもそも最初の仮定は正しいのか？」という大きな問題を抱えています。

もし累積財政赤字が過度に大きいなら、まず現時点ですでにインフレになっているはずと考えるべきではないでしょうか？

こうした疑問に対し、「将来の増税・財政再建が予想されているから、インフレにならないのだ」という擁護論もあります。

しかしながら、各種国民アンケートを見ても、多くの国民が財政破綻を恐れているというのは明らかです。

したがって、この擁護論も説得的ではありません。

というわけで、そもそも現行の不況下においては、財政赤字は過剰ではない（むしろどちらかといえば**不足**である）と考えるのが自然です。

機能的財政論で考える「政府債務の将来負担」

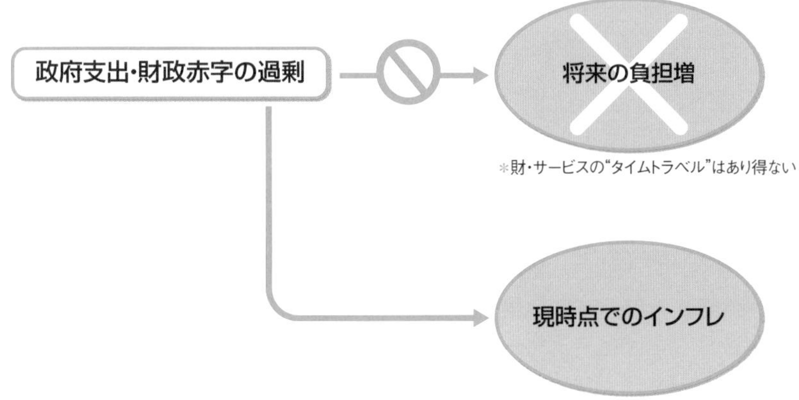

3-8 本当の意味での「将来へのツケ回し」とは何か

機能的財政論に基づいて、財政政策における本当の意味での「将来へのツケ回し」について考えます。

本当の意味での「将来へのツケ回し」

政府債務残高それ自体が、将来世代への実物的負担をもたらすわけではないということは、3-7で確認しました。

財政支出が過剰であるとすれば、それは基本的に支出時点のインフレという形で現れることになります。

もし仮に、機能的財政論の観点から、財政政策における「将来へのツケ回し」を考えるとすれば、それはどのようなものになるでしょうか？

機能的財政論の観点からは、財政の実際の（実物的）経済効果にフォーカスします。

そうした観点からは、むしろ**現在の支出過少が引き起こす生産資源の利用不足（失業者や遊休資本など）や実物生産投資の不足のほうが、「将来のツケ回し」になる**のではないかと考えられます。

なぜなら、そのような緊縮財政は、将来に残せる技術やインフラを減らしてしまい、将来世代の実物的な生活水準をかえって引き下げることになってしまうからです。

「責任ある財政運営」がかえって「将来へのツケ回し」を増幅させる

果敢な支出削減や増税を通じて、均衡財政に邁進しようとする政策態度は、しばしば「責任ある財政運営」と表現され、世間から持て囃されます。

しかしながら、機能的財政論の観点から見ると、そうした単純な財政指標の大小ないし赤字・黒字に執着する考えは、生産資源の陳腐化や実物投資の過少を引き起こしがちです。

その結果、**将来の生産水準の低下**という、**本当の意味での「将来へのツケ」**を、かえって増幅させてしまいかねません。

「責任ある財政運営」の“罠”にはまらないためにも、機能的財政論に基づく財政政策立案が求められることになります。

機能的財政論における本当の「将来へのツケ回し」

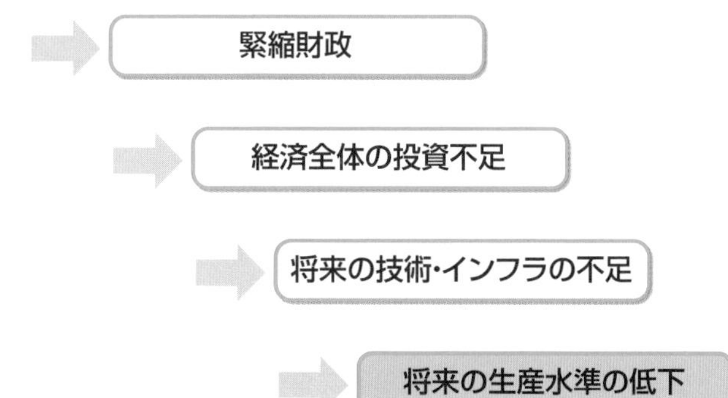

“責任ある財政運営”の「罠」:
“責任ある財政運営”に基づく緊縮財政は、むしろ「将来の生産水準の低下」という本当の意味での「将来へのツケ回し」を、かえって増幅させてしまう。

MMTの金利政策懐疑論

この章では、財政政策によるマクロ経済調整について詳しく論じましたが、金融政策によるマクロ経済政策調整については一切触れませんでした。

また、前章「租税貨幣論」でも、「政府（統合政府）がどうやって短期金利調節（コールレート誘導）を行っているか」という実務については論じましたが、「金利操作によってマクロ経済的に何が起きるか」については、あえて論じませんでした。

通常の経済学では、金利の引き上げは景気を冷まし、金利の引き下げは景気を加熱させる、という風に教わると思います。

しかしながら、MMT派の経済学者（MMTerと呼ばれます）は、必ずしも金利がそうした単純な効果を持っているとは考えません。利上げによる金利収入の増加がかえって支出を活発にしたり、逆に利下げによる金利収入の減少が支出の萎縮をもたらすこともあり得ます（このことは、主流派経済学の枠組みでも、“リバーサルレート”という用語で議論されるようになってきました。代表的経済学者の中でも、たとえばローレンス・サマーズは近頃、金利調節を通じた経済調節の有効性に批判的な見解を出すようになっています）。

また、ミンスキー的な金融不安定性のある経済では、仮に金利の効果が線型的でも、“適切な”金利水準は不安定になります。そうした金利の不確実性・不安定性を踏まえ、MMTerは金融政策それ自体に懐疑的であり、財政的調整を強く重視しているということを押さえておく必要があります。

第4章

信用貨幣論・内生的貨幣供給理論

第２章の「租税貨幣論」、第３章の「機能的財政論」では、政府（統合政府＝政府＋中央銀行）が発行する貨幣［いわゆる“通貨”（currency)］について中心的に論じてきました。一方で、経済にはもう一つ、銀行貨幣（bank money）という別種の貨幣が存在し、通貨以上に決済手段として広く利用されています。この章では、もう一つの貨幣である銀行貨幣について、それがどのように創造され、利用されているかをMMT的観点から整理して論じます。その上で、通貨、銀行貨幣を総合した【信用貨幣】が、経済の中でどう機能しているかを、「内生的貨幣供給理論」、及び“Monetary Circuit Theory”（あるいはCredit Theory of Money）という枠組みで解説します。

4-1 信用創造（銀行預金の創造）

銀行による貨幣の発行（信用創造）のプロセスと、銀行貨幣による決済の実態について簡潔に整理しておきましょう。

銀行貨幣の創造

すでに第2章及び第3章で論じてきたように、統合政府（政府＋中央銀行）の貨幣（いわゆる通貨）は、政府支出によって創造され、徴税によって回収・破壊されるというサイクルを持ちます。

一方で、もう一つの貨幣として**銀行貨幣（銀行預金）**がありますが、銀行貨幣はどのようなサイクルを持つのでしょうか。

イングランド銀行の“Money creation in the modern economy”や、全国銀行協会調査部の『9訂版 図説 わが国の銀行』に整理されているように、**銀行貨幣は銀行の投融資によって、銀行の負債として無から創造されます。**

そうして創造された銀行貨幣は、決済手段や貯蓄手段として用いられたのち、銀行への返済、支払いを通じて“破壊”されます。

一般的な経済学教科書では、信用創造は現金又貸しの連鎖で生ずるかのように説明されることがありますが、そうした説明は事実とは異なります（この点については4-2で詳しく論じます）。

バランスシート的に考えると、投融資の際に、銀行の資産面に貸付債権、負債面に銀行預金（銀行貨幣）が計上され、返済の際には貸付債権と銀行預金がパラレルに消滅する、という形を取ります。

銀行預金は、随時の現金引出や対外決済を履行するという意味での銀行負債として発行されますが、その際に預金創造分の現金・準備預金を用意する必要はなく、顧客からの適宜の現金などの請求や、法定準備後積みに必要な分だけ（大抵は事後的に）調達すればよいことになっているわけです（この点についても、4-2にてより詳細に整理します）。

銀行貨幣創造の制約

銀行貨幣（銀行預金）が銀行の投融資によって無から創造されるからといって、銀行がいくらでも貨幣を発行し放題というわけではありません。

銀行にとって銀行預金は、現金の引き出しや支払いの代行、銀行への（融資返済などの）払い込みを履行しなくてはならない負債なので、銀行預金の創造は当然ながら、そうした銀行の負債履行能力に主に制約されることになります（また、4-2でも述べますが、他にも借り手側の信用度、自己資本の水準、金融規制によって制約されます）。

特に、他行への振替の超過は、当該銀行の現金資産をその分だけ減らしていくので、銀行としてはできる限り自行の預金は維持しておきたいし、もし経営不安などが喧伝されて、突如急激に他行への振替や現金引出が過剰になれば、大抵の金融機関は自行預金よりもはるかに少ない現金・流動性資産しか保有していないので、すぐさま破綻の憂き目にあう（いわゆる取り付け騒ぎ）という構造になっていることに注意しておきましょう。

信用創造（銀行預金の創造）

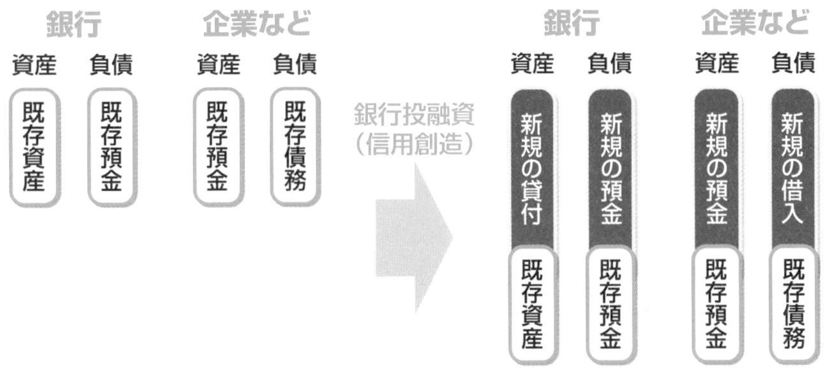

銀行
資産　負債
既存資産　既存預金

企業など
資産　負債
既存預金　既存債務

銀行投融資
（信用創造）

銀行
資産　負債
新規の貸付　新規の預金
既存資産　既存預金

企業など
資産　負債
新規の預金　新規の借入
既存預金　既存債務

4-2 信用創造に関する通俗的誤解とその修正

信用創造は、日本全体で広範に誤解されている概念の一つであり、誤解を払拭することが、現実の金融システムを正確に理解する第一歩となります。

信用創造に関する通俗的誤解

4-1でも軽く触れましたが、一般的な教科書で教えられている、「現金又貸しの連鎖によってお金が増える」という信用創造の説明は誤解の産物であり、現実の金融実務とは乖離したものとなっています。

教科書的な【又貸しモデル】は、①「銀行は貸出の際に自身の現金を拠出している」という誤解、②「銀行は手元の現金（準備預金）の分しか貸出できない」という誤解、③「準備率（特に法定準備率）が銀行の投融資を規定ないし制約している」という誤解に依拠しています。こうした誤解を一つひとつ解いていきましょう。

通俗的誤解の修正

まず、①**「銀行は貸出の際に自身の現金を拠出している」という誤解**を修正しましょう。

すでに4-1で確認したように、銀行は自身の負債として銀行貨幣（銀行預金）を新規発行して交付しているに過ぎませんから、その時に同額の現金を調達、供与することはありません。ちょうど、一般企業が手形や社債を発行する際に、同額の現預金を調達したりしないのとまったく同じことです。一般企業が債務の償還に際して現預金を随時調達するのと同様に、銀行は現金引出や銀行間決済、対政府決済の際に随時改めて現金（準備預金）を調達しているわけです。

続いて、②**「銀行は手元の現金（準備預金）の分しか貸出できない」という誤解**を正しましょう。上述したように、銀行貨幣（銀行預金）は銀行の新規発行負債として交付されますから、その際に同額の現金は必要になりません。これは一般企業において手形や社債などの発行が、企業の手元の現預金高とは無関係に可能なのと同じことです。その必然的帰結として、銀行は保有する準備預金以上の投融資を実行することが可能なのです。

最後に、③**「準備率（特に法定準備率）が銀行の投融資を規定ないし制約している」という誤解**を解きます。第2章で解説した通り、中央銀行は目標短期金利を指標として準備預金を調節しているのであり、銀行が投融資を増やした結果として必要な準備預金が（決済用も法定準備用も含めて）増加したら、それに応じて受動的に準備預金を追加供給するオペレーションを行っています。このため、準備預金の水準は銀行の投融資を制約するものではありません。実際に銀行の投融資を規定・制約するのは、借り手の信用度や、銀行の自己資本の水準、金融規制などです。

信用創造における誤解と事実

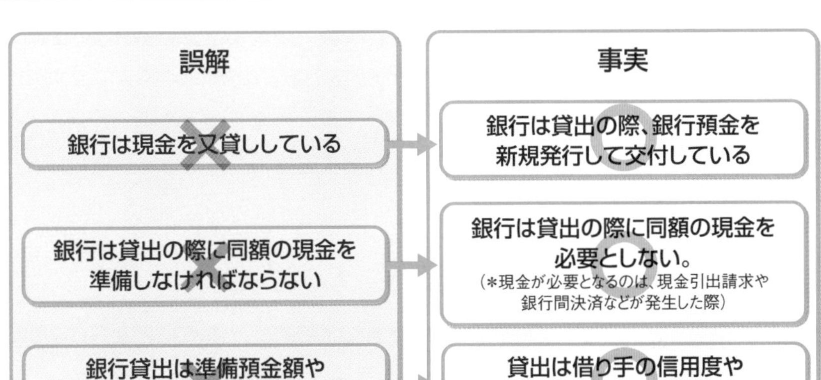

4-3 銀行預金による決済

銀行の負債として無から創造される銀行預金が、貨幣として（決済手段として）どのように用いられるかについて解説します。

銀行貨幣による決済

日本では特に、小規模の決済での現金利用が他国に比べても多いことから、現金が決済の主役であるかのように誤解しがちかもしれません。

しかし、よく考えてみれば、給与は基本的に銀行預金で支払われますし、大口の決済ほど、現金ではなく銀行預金で行うのです。

全体で見れば、現金による決済よりも、銀行預金による決済のほうがはるかに大規模であり、**決済の“主役”は、通貨（統合政府貨幣）ではなく、銀行貨幣である**ことは明らかです。

同一銀行内で決済されるケース

銀行預金の決済は、同一銀行内の口座間振替であれば、準備預金を一切必要としません。単に口座の数字が同一銀行内部で変更されるだけです。

その際にベースマネーの調達や利用が行われることは一切ないのです。

このとき銀行預金は、ベースマネーとはまったく無関係の独立した決済手段として機能していることになります。

複数の銀行間で決済されるケース

異なる銀行間の口座間振替の場合は、基本的にはベースマネーの調達・利用が必要にされます。

しかしながら、実際のところは、様々な制度や機能により、準備預金の利用が少なく済むようになっています。

たとえば、小口内為決済（1口1億円以下の比較的少額な銀行間決済）では、各取引で逐次ベースマネーをやり取りするということは行われていません。

各日の小口決済は、全銀ネット（全銀システム）に蓄積され、各日の16時15分に全体の流出入を「相殺」（ネッティング）し、差額分だけベースマネーで取引するという形でやり取りが行われています（いわゆる「時点ネット決済」）。

この場合、容易に想像できる通り、決済の総額と、実際に銀行が用意する必要のあるベースマネーの間には大きな開きが生じることになります。

一方、大口内為決済（1口1億円以上の銀行間決済）では、即時グロス決済（RTGS）が行われています。これは文字通り、銀行間の振替に応じて、リアルタイムでベースマネーを支払うという取引です。

この場合、銀行預金の振替が完全に同額のベースマネーの移動を伴う……かのように見えますが、実際にはそうではありません。

なぜそうなるかと言うと、日中当座貸越と流動性節約機能があるからです。

日中当座貸越は、準備預金口座残高を一時的に上回る請求があった際、その日限りで中央銀行が準備預金を貸し付ける制度で、この場合、一時的に準備預金残高はマイナスになり、他行からの流入や借入によって後に弁済することになります。

流動性節約機能は、日中当座貸越の限度額を超えた場合でも、即座に決済を途絶させるのではなく、当該決済を「待ち行列」に加えて、その後に他の銀行からの支払指図があれば、複数の取引を同時決済するシステムで、文字通り銀行の流動性調達を抑える機能があります。

以上のように、複数の銀行間で決済されるケースも、（小口内為決済であれ、大口内為決済であれ）実際の銀行預金の利用に比べてベースマネー利用は少なく、銀行預金がベースマネーを超えた決済手段として機能していることになるわけです。

銀行預金による決済

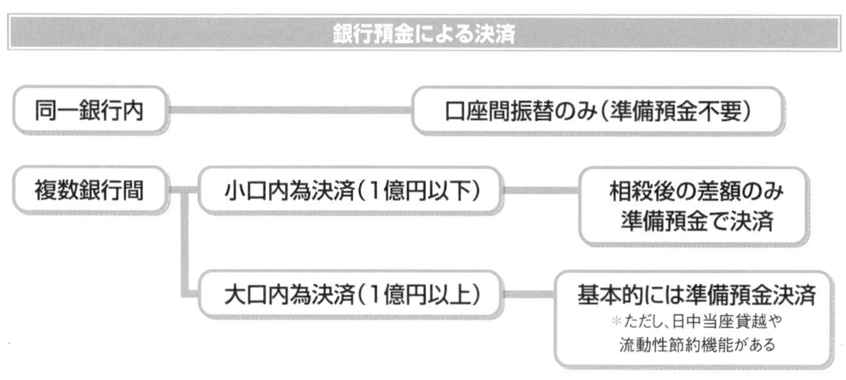

4-4 信用貨幣論

これまで解説した貨幣システムの実情を踏まえて、貨幣を負債の一形態と見なす「信用貨幣論」について解説します。

貨幣は商品ではなく借用証書（IOU）

4-1及び4-2で確認してきたように、銀行貨幣は現金の又貸しではなく、銀行の新規発行負債として交付されます。

また、第2章で整理したように、統合政府の発行する通貨（currency）も、“政府に対する支払手段”という意味で、実態的には政府にとっての負債（すなわち国民にとっての債権・資産）として発行されるものです。

このように、**現代金融システムにおける貨幣は、銀行の負債、あるいは政府（統合政府）の負債、借用証書（IOU）として発行される**のであって、商品の一種（ないし商品の類似物）ではまったくありません。

この点で、貨幣をニュメレール財（価値尺度財）として扱う一般的な経済学の分析は、必然的に現実世界から乖離してしまうことになります。

貨幣発行は「打ち出の小槌」ではない

「政府は通貨発行を通じて政府支出を行う」

「銀行は融資の際、現金を貸し出すのではなく、銀行預金を発行して付与する」

という、現実の金融システムの説明を行う際に、決まってよく為される反発が、「そんな“打ち出の小槌”のようなことはあり得ない」というものです。

しかし、政府は発行した通貨を、政府への支払手段（主に納税）として受領しなくてはなりませんし、銀行は発行した銀行預金に応じて現金引出や決済代行などの様々な履行義務を負うことになります。

到底、「打ち出の小槌」ではないわけです。

現実の通貨発行・貨幣発行を「打ち出の小槌」だと誤解してしまうのは、通貨及び貨幣を、何か財宝のようなものだと勘違いしてしまうような、貨幣観の誤謬によるものです。

負債とはそもそも何なのか

このテーマについては5-4でより詳しく述べますが、「**貨幣は負債（の一種）である**」という貨幣観が受容されにくい最大の原因は、そもそも負債が何なのかということがあまり理解されていないことにあるのではないかと考えています。

普通、負債と言えば、一般の方は銀行からの借入金を想像するのでしょう。借入金は普通、貨幣支払によって弁済するのであって、支払手段であるはずの貨幣のほうが「負債」とは一体どういうことだ？ となるのかもしれません。

しかし、貨幣支払は、負債を弁済する数ある方法の一つに過ぎません。たとえば前受報酬という“負債”は、通常は物納によって弁済しますし、相手方への債権と相殺して弁済する相殺取引という会計手法もあります。銀行融資にしても、銀行貨幣（銀行にとっては負債）を提出できなければ、銀行は債務者から担保などの資産を請求することが可能であり、見方を変えれば、そうした銀行の請求権を、銀行の負債によって相殺しているという構図になっているのです。

何にせよ、負債が現実経済でどのように機能しているかをある程度把握しておかなければ、貨幣が負債として発行し機能しているという実態を理解するのが難しいかもしれません。

貨幣の実態

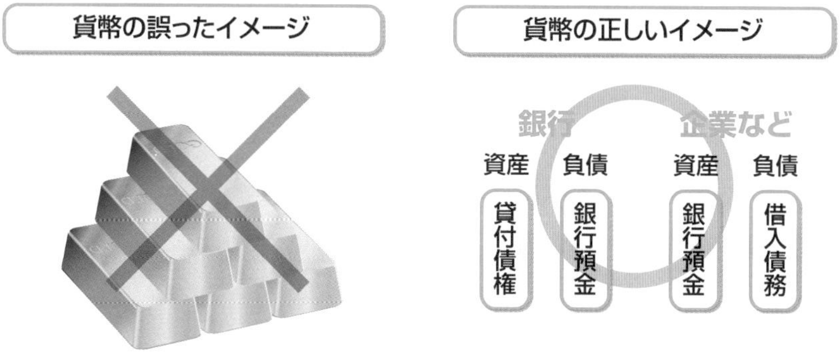

4-5 内生的貨幣供給理論

信用貨幣論を踏まえた上で、経済における貨幣の内生性にフォーカスする内生的貨幣供給理論について解説します。

貨幣の内生性、内生的貨幣供給

貨幣が財の類似物としてではなく、政府支出ないし民間借入によって作り出される“借用証書”（IOU）であることを理解すると、貨幣量の捉え方や、経済における貨幣の機能についての見方が必然的に変わってくることになります。

たとえば、主流派経済学の一部では、貨幣量を増やすことで総需要を増加させるという政策が志向されることがありますが、内生的貨幣供給理論の理解からすれば、貨幣量は政府支出ないし民間借入支出の【結果】として増加してくるものであり、因果関係の順序が異なります。

政府が追加的政府支出によって民間から財やサービスを購入し、民間の金融資産が純増することの総需要効果は、極めて直接的かつ明瞭です。

しかしながら、統合政府（政府＋中央銀行）が銀行の保有国債を準備預金に置換することが総需要に与える影響は、実のところ間接的であり、決して明らかなものではありません。

また、貨幣は経済を回り続ける財ではなく、発行主体（統合政府ないし銀行）の負債なので、随時償却を受けて消滅することになります。

通貨（currency）の場合は徴税で、銀行貨幣の場合は銀行への支払（借入金返済など）で消滅することになります。

つまり、**好景気になって民間借入支出が増えるときは、その【結果】として貨幣量が増加し、逆に不景気になって民間借入が減少し、借入返済が増加したら、その【結果】として貨幣量が減少します。**

こうした貨幣の運動を、実際の因果関係を逆さまに捉えて「貨幣が増えたら好景気に、貨幣が減ったら不景気になる」などと誤解してしまうと、経済の診断が完全に倒錯したものとなってしまうのです。

様々な内生的貨幣供給理論

1-3でも論じたように、内生的貨幣供給理論と一口に言っても、ホリゾンタリズム、ストラクチャリズム、サーキュレーショニズムといった様々なタイプがあります。

特にホリゾンタリズム vs. ストラクチャリズムの対立においては、（1-3でも触れましたが）市場金利の決定、市場の信用水準の決定、銀行の投資行動といったいろいろな論点において相違があります。

たとえば、“極端”なホリゾンタリズムの場合、政策金利から市場金利が一意に定まり、民間の支出需要変動に応じて完全に受動的に信用創造水準が定まると考えられるのですが、一方でストラクチャリズムは、市場の楽観／悲観主義により、政策金利とは無関係に市場金利は変動し得るし、銀行の自己資本などに制約されるため信用創造水準が完全に受動的に変動するとは限らない（信用創造が制限されたり、投資水準の上昇に応じて市場金利に上昇圧力がかかったりする）他、中央銀行による政策金利変更が目論見通りに信用創造水準を調節できるとは限らない（特に、証券化を通じたポートフォリオ・オフバランスなどの準備預金節約の努力によって）と批判しています。

このように、各種理論の複雑な相違はあるものの、いずれの理論にしても、本節前半に論じた通り、貨幣水準と経済状況の因果について、貨幣水準→経済状況という主流派の（誤った）見方を廃して、経済状況→貨幣水準（貨幣の内生性）という風に理解しているという点では共通しているということは押さえておきましょう。

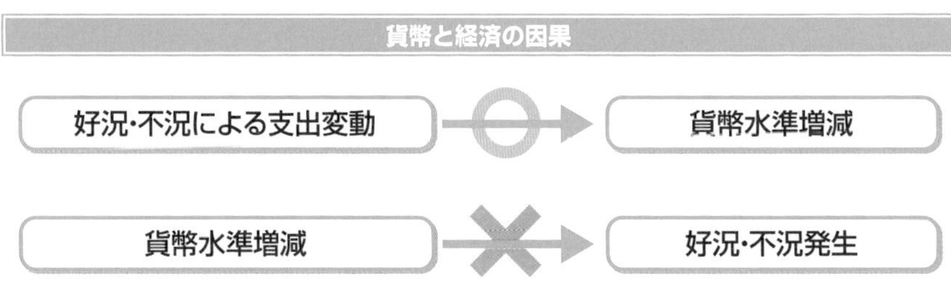

4-6 Monetary Circuit Theory (あるいはCredit Theory of Money)

信用創造の実態、内生的貨幣供給の理解を踏まえた上で、貨幣と生産を紐付ける理論、"Monetary Circuit Theory"を解説していきます。

信用創造と生産・消費活動の関係・連動

銀行貨幣が、投融資によって創造（信用創造）され、返済によって消滅するというサイクルを持っていることは、これまで繰り返し解説してきました。

この銀行貨幣の動態と、実物的な生産・消費活動を紐付けて、実体経済における信用貨幣の運動を整理したのが、**Monetary Circuit Theory（貨幣循環理論）**［あるいは、**Credit Theory of Money（貨幣の信用理論）**とも］になります。詳しくは図解の通りとなりますが、順を追って説明していきましょう。

まず企業は、生産するにあたって、銀行から資金を借入します。すでに説明した通り、この際、銀行は現金をそのまま交付するのではなく、銀行預金を（銀行負債として）新規に発行して交付します。銀行の資産として貸付金が計上され、銀行の負債として銀行預金が計上されます。その逆に、企業の資産として銀行預金が計上され、企業の負債として借入金が計上されます。

続いて企業は、調達した資金を用いて、機材購入なり労働者雇用なりを行います。その結果、借入した銀行預金は家計へと移動します。企業側には実物資産としての生産資産や在庫が積み上がり、その分だけ家計には純金融資産が積み上げられます。

次に、家計がいよいよ企業から財やサービスを購入します。これによって銀行負債、銀行預金が企業へと還流します。

そして最後に、企業は還流してきた銀行預金を銀行に返済します。返済において、銀行の貸付金債権と銀行預金（銀行負債）が相殺され、全体のバランスシートはクリアになります。

これが一連の**信用貨幣サイクル**、**貨幣性生産サイクル**ということになるわけです。この理論は、あくまで簡易なモデルではありますが、現実の経済における信用貨幣の動きの主要な特徴を捉えたものになっています。

Monetary Circuit Theory（Credit Theory of Money）図解

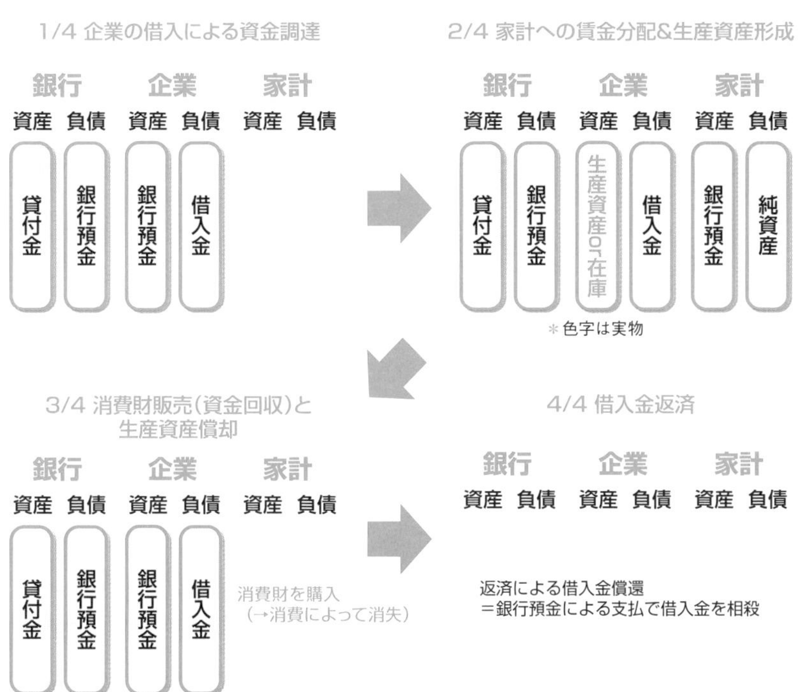

4-7 Monetary Circuit Theoryにおける利潤

前節では基本的なMonetary Circuit Theoryの概要について解説しましたが、その枠組みにおける“利潤”について論じます。

疑問：利潤はどこからやってくる？

ところで、前節で解説したMonetary Circuit Theory（以降、**MCT**と呼称します）において問題になるのは、「利潤、及び利潤による貯蓄はどのように生まれてくるのか？」というところです。

というのは、前節での貨幣性生産サイクルでは、サイクルが一巡した際に、銀行、企業、家計、いずれにも利潤、貯蓄の蓄積が生じないからです。

MCTにおける各主体の利潤はどのようにして形成されるのでしょうか。

利潤形成の源泉

MCTにおいて、ある主体の利潤・貯蓄の形成は、基本的には、他の主体の借入支出によって（のみ）可能となります。

もし仮に、全体で新たな借入支出と既存借入返済が同水準でバランスしている場合、全体で見た金融資産増加は生じないため、**ある主体での利潤増加は、必ず他の主体での利潤低下を伴う**ゼロサムゲームになります。

ここで、全体での利潤が増加するためには、以下の二つのパターンのいずれかが生じなくてはなりません。

一つは、単純ですが、どこかのセクターの赤字、たとえば海外部門の赤字や、政府部門の赤字の増加です。

もう一つは、経済全体の信用創造の相対的な加速です。たとえば、「これから大人になる」「これから収入が伸びる」という層が多ければ、そうした層は様々なローンを組み、経済全体で見れば信用創造が加速して、新しく創出される信用貨幣サイクルのほうが、一巡して終了する（返済される）信用貨幣サイクルよりも多くなるでしょう。その場合は、新しいサイクルの超過分だけ、経済全体で利潤、貯蓄を増加させることができます。

しかし裏を返せば、今の日本のように、新しい信用サイクルを創出する主体が減って、逆に老後のために貯蓄しようとする世代が増えるような経済の場合は、経済全体で生み出される利潤が小さくなり、経済が停滞しやすくなると考えられます。そうした潜在的貯蓄需要過剰に対しては、政府部門の赤字か、海外部門の赤字で補填するくらいしか方法がありません。

ちなみに、ここではあえて"潜在的"貯蓄需要過剰と表現しました。というのは、先ほど示した信用貨幣サイクルを見てもわかるように、家計が貯蓄するには、そもそも企業が借入支出をしていなくてはならないからです（＊貯蓄が投融資の元手になるのではなく、投融資によって新たな貯蓄が可能になるという順序)。たとえば、経済全体で投資需要よりも貯蓄需要のほうが大きい場合、貯蓄需要超過の分は、そもそも実際の貯蓄として実現せず、所得の減少という形で代償されることになり、貯蓄の指標上の増加は生じないということに注意が必要です。

MCTにおける民間利潤の発生源

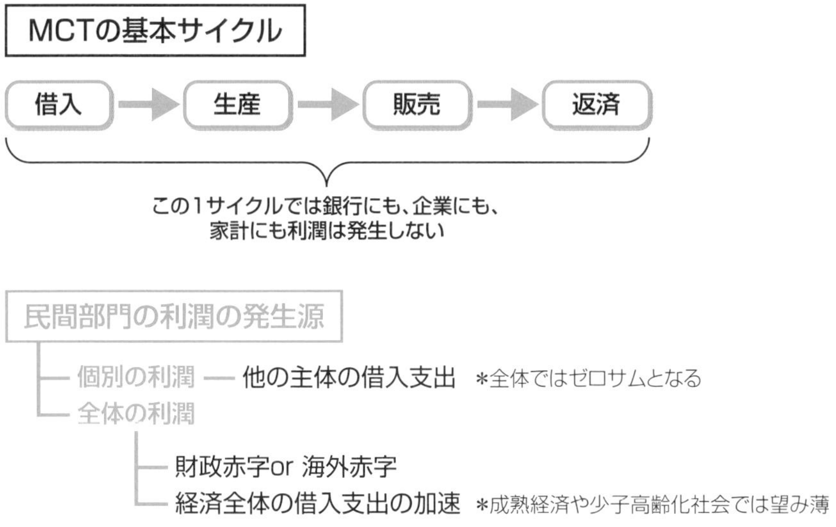

MCTの基本サイクル

借入 → 生産 → 販売 → 返済

この1サイクルでは銀行にも、企業にも、
家計にも利潤は発生しない

民間部門の利潤の発生源

- 個別の利潤 ― 他の主体の借入支出　＊全体ではゼロサムとなる
- 全体の利潤
  - 財政赤字or 海外赤字
  - 経済全体の借入支出の加速　＊成熟経済や少子高齢化社会では望み薄

4-8 MCTに基づいたハイパーインフレーションの考察

MCTを用いて、ジンバブエ、ベネズエラといったハイパーインフレーションをきたした国々について分析します

MCTによるハイパーインフレ分析

これは“本場の”MMTerの議論ではなく、あくまで私見になるのですが、4-6で解説したMCTを用いることによって、ジンバブエ・ベネズエラといった国々のハイパーインフレーションについて新奇な考察を行うことができます。

世間一般の論調としては、ジンバブエの場合は白人差別主義的な政策、ベネズエラの場合は原油暴落の影響や社会主義的政策、放漫財政などがハイパーインフレの要因として語られることが多いです。

しかしながら、実はどちらの国でも、もっとクリティカルな、ハイパーインフレの引き金となるような政策がありました。

それは**価格管理政策**です。

価格管理政策による貨幣性生産サイクルの破壊

両国は、失政や海外要因などの様々な原因からインフレに直面し、そうしたインフレに対して、補填や原因解決ではなく、政府的な価格統制による抑制を図りました。

こうした政策の効果を、MCTの観点から整理してみます。

さて、何らかの政策や経済環境の変化に伴い、いわゆるコストプッシュインフレが起きたとしましょう。

先ほどのMCTの信用貨幣サイクルを思い起こしてください。

企業が貨幣性生産サイクルを完結させるためには、銀行へ返済するための十分な収益が必要です。

コストプッシュインフレが発生した場合、コスト上昇を十分に転嫁できないと、貨幣性生産サイクルが破綻し、それに伴って生産体制自体が破壊されていくこと

になるからです。

ところが価格管理政策は生産者によるコスト転嫁を妨害し、各生産者が採算上で必然的に破綻をきたします。

これにより、生産体制は自壊していくことになります。当然、こうした破綻はサプライチェーンを通じて経済全体へと波及して加速度的に生産体制を毀損していくことになるでしょう。

ジンバブエにせよ、ベネズエラにせよ、ベースに何かしらのインフレはあったとして、それをブーストしてハイパーインフレまで炎上させてしまったのは、こうした価格管理政策による生産体制破壊だと考えられるわけです（*改めて留保しておきますが、これはあくまでMCTに基づいて考え得る“仮説”であって、私見に過ぎません。本場のMMTerが同様のことを論じているわけではないことには注意してください)。

価格管理政策によるハイパーインフレへの移行

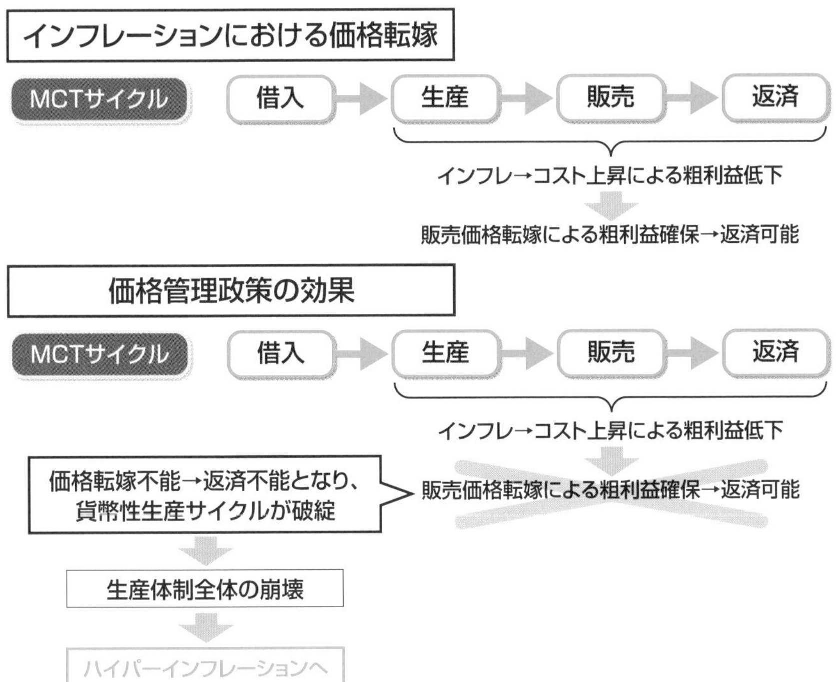

銀行が預金集めをする理由と、法定準備制度の実際

信用創造が、現金の又貸しではなく、銀行預金の新規発行によって行われるという事実に対し、おそらく多くの人が疑問に感じるのは、「ではなぜ昔の銀行は、預金獲得競争をしていたのだろう？」というところだと思います。

本章で説明したように、集めた預金は貸出の原資ではありませんから、又貸しのために集めていたわけではまったくありません。それ以外の理由があります。

まず第一に、準備預金の確保という目的があります。信用創造によって自行の銀行預金を増発したとして、それが振替や現金引出などでどんどん漏出していけば、本章で説明したように、準備預金を次々と払い出すこととなってしまい、法定準備確保や対外決済に必要な準備預金を借り入れるコストが増加します。

なので、今と違って余剰の準備預金が乏しく、法定準備の達成がシビアで、かつ銀行間市場金利が今よりずっと高かった時代には、預金集めにも意味があったのです。

第二に、預金顧客の獲得という目的もあるでしょう。本章でも説明したように、異なる銀行を跨ぐ取引には追加コストが発生します。

そのコストは大抵顧客に転嫁されるので、企業が借入を行う際、顧客、取引先、従業員etc.が広範に利用している金融機関を利用するというのが自然です。となれば、銀行としては、投融資によって利鞘を得るため、あらかじめ預金顧客を広範に獲得しておくことが極めて重要になるというわけです。

さて、ここで法定準備制度について整理しておきます。

先ほど少し触れましたが、法定準備制度では、基本的に準備預金の積み立ては「後積み」ないし「同時後積み」という形で行われます。

また、法定準備は夜間に満たされておけばよく、日中の取引で増減したり、中央銀行からの当座貸越を受ける分には問題はありません。

加えて、オーストラリアなどのように、法定準備制度がそもそも不在の国もあり、この場合は、夜間にゼロ以上の準備預金残高があれば許容されることになります。

さらに、すでに4-2で整理したように、中央銀行はある政策金利目標に準じつつ準備預金供給を調節するので、法定準備制度それ自体が銀行にとって投融資の量的制約として機能することはありません。

第5章

債務ヒエラルキー・債務ピラミッド

第４章では、銀行による信用創造を軸にした信用貨幣論の解説と、信用貨幣論に基づいたMCTの解説を行ったのですが、実は第４章の一連の議論は、ある一つの謎を残して終わっていました。銀行貨幣が、銀行負債、銀行の手形のようなものとして創造され、それ単体で一連の生成・流通・破壊のサイクルを持っているということは明らかですが、それではなぜ銀行貨幣は、日本円のような特定の貨幣（政府通貨）を単位として借用し、かつ現金引出に適宜応じなくてはならないという制約のもとで創造されているのでしょうか？　前章の「信用貨幣論・内生的貨幣供給理論」の説明では、まだこの点についての十分な説明が為されていません。実は、このことを説明するのが、通貨（政府貨幣）を頂点とした金融負債の序列を整理する債務ヒエラルキー（債務ピラミッド）の議論なのです。

5-1 債務ヒエラルキー・債務ピラミッドとは

通貨（政府貨幣）を頂点とする債務ヒエラルキー（債務の序列）とそれに基づくピラミッド構造とは、一体どのようなものなのかを詳説していきます。

債務の序列

これまでの各章において、通貨（政府貨幣）が実質的に政府の負債であり、銀行貨幣（銀行預金）が銀行の負債である、という点については、詳しく解説を加えてきました。

しかし、こうした負債は横並びでは決してなく、（特に今日では）強固なピラミッド構造を持っています。そして、**下位の負債は対等またはそれより上位の負債で弁済することができます**（たとえば、社債の返済は当該企業が銀行預金を支払うことで弁済でき、銀行預金の引出請求に対して銀行は現金通貨を拠出することで弁済できる）が、**下位の負債を用いて上位の負債を弁済することは概して困難ないし不可能です。**

貨幣·金融システムは、このようなヒエラルキー構造を基本としているわけです。

債務ヒエラルキーと通貨・貨幣

こうした**債務ヒエラルキー**は、強固な統治制度（特に税制）を持つ国においては、**納税手段である通貨が最上位**となり、**その次に中央銀行制度を通じて一定の保護・管轄を受ける銀行負債（銀行預金）**が位置し、**その下に非金融部門の負債が信用度順に並ぶ**というピラミッド構造になります[＊中世・近世以前の、統治制度が脆弱な政府の場合は、民間で流通する貨幣（外貨など）が政府貨幣と並立するケースなどもあり、より複雑になることにはご注意ください]。

これにより、なぜ銀行預金はその他の非金融部門の負債が、政府発行通貨（日本ならば【円】）の単位を“借用”するのかが理解可能になります。統治制度・租税制度の確立、それによる通貨の流通性の確保を前提とすると、経済全体で通貨を決済手段・決済単位として信用し、利用することができるようになるからです。

また、最上位の負債を発行する能力は、「最後の貸し手」機能や政府による救済措置などを可能にし、金融安定化に貢献します。

要するに、統治・税制が通貨を最上位にするピラミッド構造を確立することで、経済全体での金融資産・負債の（通貨への）単位統一が可能になり、効率的かつ安定的な貨幣・金融システム（決済システム）が成立可能になるわけです。

債務ヒエラルキー・債務ピラミッド

＊上位の負債を用いて下位の負債を決済することは容易だが、その逆は難しいor不可能。

通貨（政府貨幣）

銀行顧客の通貨引出請求などに応じる義務

中央銀行制度による保護･管轄

銀行貨幣（銀行預金）

主要決済手段として銀行貨幣を利用

銀行融資による信用創造

非金融部門の負債

5-2 債務ヒエラルキーの崩壊と再形成①
経済のドル化

債務ヒエラルキーが政府の金融財政制度に支えられている以上、政府の興亡によるヒエラルキー変化を整理する必要があります。

債務ヒエラルキーの崩壊と再形成

5-1では、政府による通貨制度・税制の運用（中央銀行制度の運用も含む）を通じて、通貨（政府貨幣）を頂点とする債務ヒエラルキー構造が確立される旨を論じました。

これは当然のことながら、政府統治自体の不安定化、何らかの原因による経済体制・生産体制の急速な瓦解などが生じれば、既存の債務ヒエラルキー構造が崩壊することも十分にあり得るということを意味します。

そこでは、一過性に物々交換のようなことが緊急避難的に行われることもありますし、米ドルなどの国際通貨を用いた別のヒエラルキー構造が「再形成」されることもあり得ます。

経済の「ドル化」

たとえば、経済的失策や内戦などの結果として、実物生産体制や通貨制度・税制が崩壊してハイパーインフレをきたした国では、しばしば「**ドル化**」（dollarization）という現象が起きます。

国際決済通貨である米ドルは、国際取引（特に輸入）という需要が安定的に存在し続けるので、**自国通貨システムに基づく既存の債務ヒエラルキーが崩壊した国では、米ドルを頂点とした債務ヒエラルキーが「再形成」される**ことになるのです。

「ドル化」した経済では、ドルで売買が行われるのはもちろん、借入や、手形などの負債発行もドル建てで行われるようになり、ドルを単位とした債務ピラミッドが構築されることになります。

よほど強固な統治体制を再建しないと、このピラミッドを再度塗り替えるのは難しいでしょう。

債務ヒエラルキーの崩壊と再形成

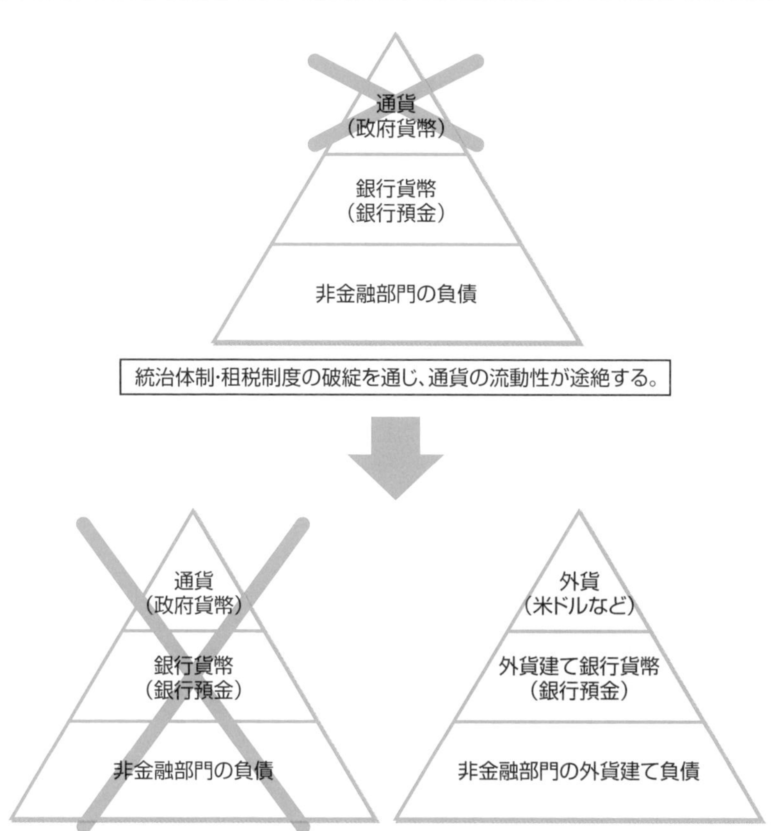

5-3 債務ヒエラルキーの崩壊と再形成②
ソマリアシリングの顛末

債務ヒエラルキーの崩壊と再形成を理解するにあたり、ソマリアとソマリアシリングのエピソードを知るのは大変有意義です。

ソマリアシリングの顛末

債務ヒエラルキーの崩壊と再形成に関して、示唆的なのがソマリアシリングのエピソードです。

ソマリアは1980年代に内戦が勃発してから、その発行通貨ソマリアシリングの価値は大幅に低下し、経済は一定程度「ドル化」することになりました。

しかし、完全にはソマリアシリングの流通は損なわれず、内戦が終息に向かうにつれ、2005年の暫定政権樹立、2012年の正式政府成立、2013年のIMFによる政府承認という段階に合わせて、ソマリアシリングの流通価値は回復に向かいました。

ソマリアシリングと債務ヒエラルキー

これは**統治状態の悪化に伴い債務ヒエラルキーが「ドル化」し、政府再興に伴い債務ヒエラルキーがソマリアシリングを元に再形成される**という、MMT的な観点で極めて興味深い一連の出来事だったと言えます。

ソマリアシリングの流通が完全には損なわれず、ソマリア再興に伴って流通価値が回復に向かったのは、ソマリア国民の間で、「ソマリアの内戦は一時的な状態であり、いつかは統治体制が復活する」という予想が、少なくとも一定程度以上持続し続けていたからでしょう。

これがたとえば、完全に体制が崩壊し、二度と復活することはあり得ない、と信じられたとしたら、ソマリアシリングの雌伏と再起はあり得なかったものと考えられます。

ソマリアシリングが内戦下でも流通していたことは、租税貨幣論・債務ヒエラルキー論に対する反証として持ち出されることがたまにあるのですが、実際のエピソードを解剖してみると、むしろ租税貨幣論・債務ヒエラルキー論に見事に合致する歴史的事例なのです。

ソマリアシリングの歴史的経緯

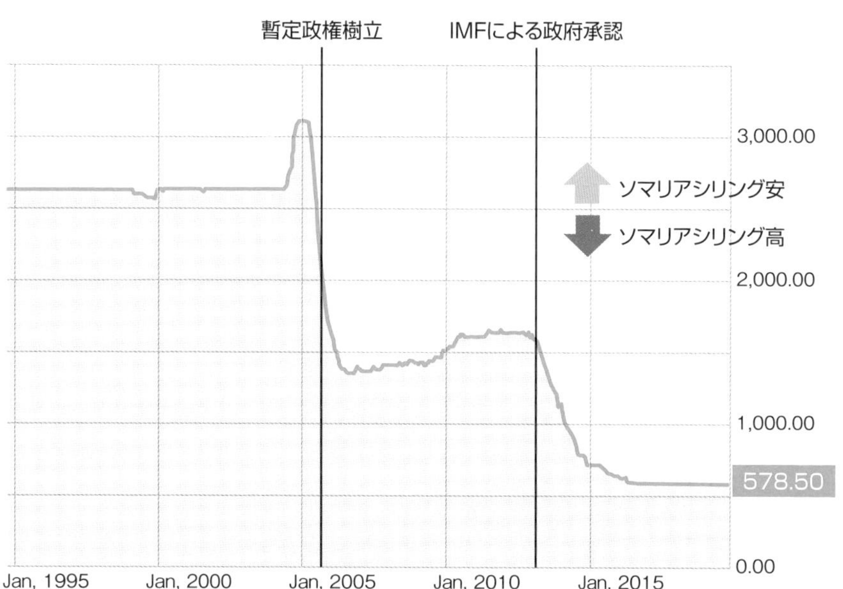

参考：Investing.com

5-4 様々な決済手法とグラデーションとしての貨幣

非金融部門での決済の実際を通じて、MMTの貨幣観に迫ります。

様々ある決済手法

債務ヒエラルキー・債務ピラミッドの議論に則って、もう少し詳細な決済について整理しておきます。

ここまでの議論では、各種決済は現金（通貨）ないし銀行預金（銀行貨幣）で行われるということになっており、それは大枠では完全な間違いではないのですが、実際の決済の少なくない部分は、現金や銀行預金を用いられずに行われています。

自身がすでに持っている債権（売掛金）と相殺するケース（相殺取引）、あるいは前受金や前受報酬のように、実物を納入して弁済するのが基本になる負債のケース、第三者の負債（約束手形や電子債権など）を支払手段として用いるケース（裏書譲渡）、ストックオプションのように自身の株式で支払うケース……金融自由化の進んだアメリカのような国では、信託会社のようなノンバンクが当座預金口座に似た負債を発行しているケースもあります。素朴で単純な債務ヒエラルキーの枠組みには収まりきらない、様々な決済の形式が実世界には存在するのです。

負債の中のグラデーションとしての貨幣

先ほど挙げた例の中で、特に第三者の負債（手形など）で自身の負債を弁済するケースに注目してください。銀行貨幣（銀行預金）が銀行の負債として決済能力を持ち、それによって支払いに利用可能であることを鑑みると、非金融企業の負債を弁済に用いるケースにおいて、当該負債はかなり貨幣に似た機能を持っていると言えます。

こうした事象を踏まえ、MMTerはしばしば、「**誰でも貨幣を発行できる。問題はそれをいかに受け取らせるかだ**」というハイマン・ミンスキーの言葉を引用します。負債と貨幣は、きっちり二つに分かたれたものではなく、負債の中のグラデーションとして存在している、というのが、MMTerの貨幣観なのです。

様々な決済手法／グラデーションとしての貨幣

※現預金支払は、数ある弁済方法の一種に過ぎない

グラデーションとしての貨幣

『第三者の負債を用いて弁済する』という意味では似た取引

→ 負債と貨幣は完全に二分されるものではない。
貨幣は負債の中のグラデーションとして存在する

5-5 「貨幣の循環的論理」に基づく無税国家の成立可能性についての検討

これまでの議論を踏まえた上で、「貨幣の循環的論理」と無税国家について考察を加えます。

貨幣の循環的論理と無税国家の成立可能性

以前、経済学者（執筆時点では駒澤大学准教授）の井上智洋先生から、「最初は租税による最終需要の確保という“神の一撃”が必要なのかもしれないが、そこから岩井克人氏が『貨幣論』で述べた貨幣の循環的論理に移行すれば、無税国家の成立可能性はあるのではないか」というご質問を頂いたことがあります。今回、この論点について本節にて記しておこうと思います。

循環的論理の信用貨幣論的解釈

岩井氏的な循環論法的貨幣については、信用貨幣論的な枠組みでは、末尾の図のように図示できるものと思います。

租税廃止・無税国家化によって、租税手段としての裏付けを失い、それ自体の物質的消費価値もない紙切れあるいは電子データとなった発行通貨が流通するには、その通貨が通貨保有者にとっての、生産者に対する債権として機能しなくてはなりません。それはすなわち生産者にとっての、通貨保有者に対する負債として機能しなくてはならないということと同義です。

こうして循環的論理は、信用貨幣論とは一応は矛盾せず成り立ち得ます。

ただ、このような不安定な需要に支えられた貨幣が、先述したような債務ピラミッドのトップで共通単位として機能するとは考えにくいでしょう。

そもそも政府は、本来実物徴税で資源調達が可能であるところ、わざわざ通貨発行と回収というワンクッションを挟んで金融財政制度を構築しているわけです。

その目的の一つは、最上位の決済手段を安定供給することによる決済の安定化であり、この決済安定化という本来的目的と、無税国家志向は、必然的に矛盾をきたしてしまうことになります。

結論をまとめると、「**無税国家は、一時的には可能だとしても不安定であり、決済安定化という通貨発行の目的と矛盾してしまう**」ということになるでしょう。

循環的論理に基づく貨幣の信用貨幣論的図解

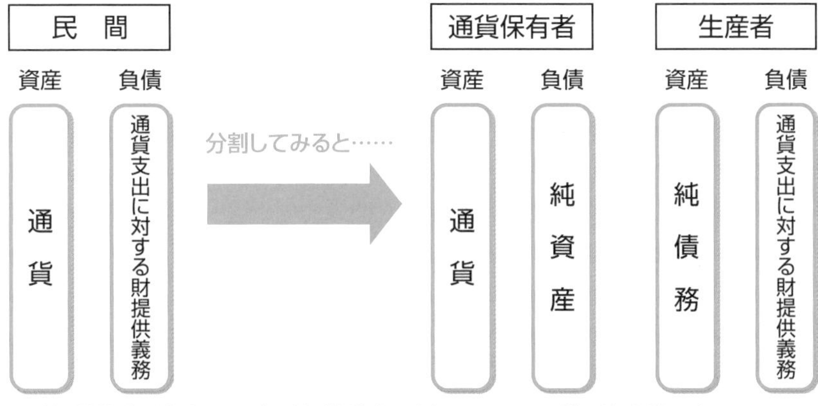

※財提供義務が喪失すれば、財提供義務に裏打ちされた通貨の資産性も失われる。

現実の「無税国家」の分析 ～サウジアラビア、アラブ首長国連邦～

「税が貨幣を駆動する」という貨幣観（Tax-Driven Monetary View）を論ずるにあたり、「サウジアラビアやアラブ首長国連邦のような、無税国家はどう説明するんだ」という反論が寄せられることがありますので、この2国において、どのようにTax-Driven Monetary Viewが【当てはまる】のかについて論じていきましょう。

まずサウジアラビアのケースから解説します。

サウジアラビアは、2019年に付加価値税を導入するまで、一部の税を除き、ほぼ無税国家に近い状態でありました。

しかしながら、サウジアラビア政府は、石油会社サウジアラムコを筆頭に、国内の大企業を軒並み保有（直接的にせよ、間接的にせよ）しており、その営業収入を歳入としています。

つまり、税金の代わりに、国有企業の収入で通貨を回収（及び破壊）しているという構造になっているのです。「国家による“受領”が、貨幣を貨幣たらしめる」（貨幣が駆動されるためには、国家による何かしらの受領が必要になる）というのが表券主義（chartalism）の基本です。その意味での広義の「租税」は、必ずしも我々がよく知る税（所得税や消費税など）の形態を取る必要はなく、公共サービスの料金や、公営企業の収入、財政投融資の利子収入など、様々な形を取り得るというわけです。

アラブ首長国連邦も、サウジアラビアとほぼ同じ構造と言えます。

アラブ首長国連邦に所属する多くの首長国は、国有石油企業からの収入を主な“広義”の「税源」としています。産油量の乏しいドバイ首長国の場合は、持ち株会社ドバイ・ワールド（港湾管理会社DPワールドや不動産会社ナキールを傘下に置く）を代表とする国有企業の収入を“広義”の「税源」としています。

「国家による“受領”が、貨幣を貨幣たらしめる」という表券主義の基本に則れば、サウジアラビアやアラブ首長国のような、一見例外に思われるような国でも、通常の国と同様の通貨・財政システムであるとして包摂して理解することができるのです。

第6章

ストック・フロー一貫モデル

MMT の特徴的なモデルとして挙げられるストック・フロー一貫（SFC：Stock-Flow Consitent）モデルは、MMT 的な金融・経済理解をベースにしつつ、フローとストックの会計的一貫性、需要主導型の方程式体系を元に、金融面と実物面の相互作用を分析するモデルです。この本ではモデルの概要や主なインプリケーションについて巨視的に整理して解説していきます。

6-1

ストック・フロー一貫モデルとは①
会計的一貫性

ストック・フロー一貫モデルの第一要素である、会計的一貫性について解説していきます。

ストック・フロー一貫モデル

ストック・フロー一貫モデルは、会計的一貫性と需要主導型の方程式体系、そして金融面と実物面の相互作用に特徴付けられた構造マクロ計量モデルの一体系です。

このモデルには様々な発展形がありますが、本書でその詳細にまで踏み込むことはせず、モデルのエッセンスに絞って整理していきます。

この節では、会計的一貫性について解説します。

会計的一貫性

会計的一貫性とは、部門間（最も基本的なケースでは、民間部門、政府部門、海外部門）のフローとストックの一貫を言います。

たとえば、政府部門が黒字を計上し、負債を減らしていくのであれば、民間部門か海外部門のいずれかが赤字を計上し、純資産を減らすか、純負債を増やさなくてはなりません。逆に民間部門全体の貯蓄需要が高まるのであれば、その貯蓄の実現は、政府部門の赤字や海外部門の赤字に依存することになります（＊ここで言う海外部門の赤字というのは、経常収支で言えば、経常収支黒字にあたることにご注意ください）。

あえて端的にまとめれば、「**誰かの黒字は誰かの赤字**」、「**誰かの金融資産は誰かの金融負債**」というマクロの会計原則が満たされているということです。

ストック・フロー一貫モデルで重要なことの一つは、このような会計的一貫性が世界レベルでも求められることです。ある国が経常収支黒字を計上し、対外純資産を積み立てるには、他の国が経常収支赤字を計上し、対外純債務を負わなくてはなりません。

非MMTのモデルでは、一国レベルでの会計的一貫性が保たれているものであっても、国際的な一貫性が保たれておらず、たとえば、経常収支赤字に悩まされている国々に対して画一的に輸出主導型の成長政策を求めるといった混乱したインプリケーションが導かれてしまう場合があります。当然ながら、ある国が経常収支黒字を積み立てようと思えば、他の国で経常収支赤字を計上しなくてはならず、すべての国が同じ方針を取ることはできません。

日本：各年における部門別純資産／純負債のグラフ（対GDP比、%）

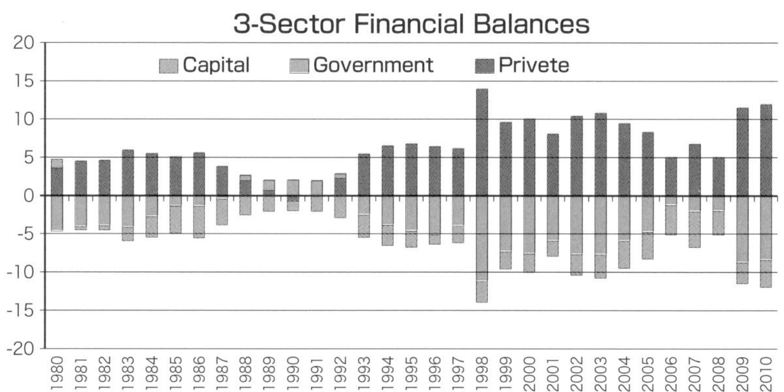

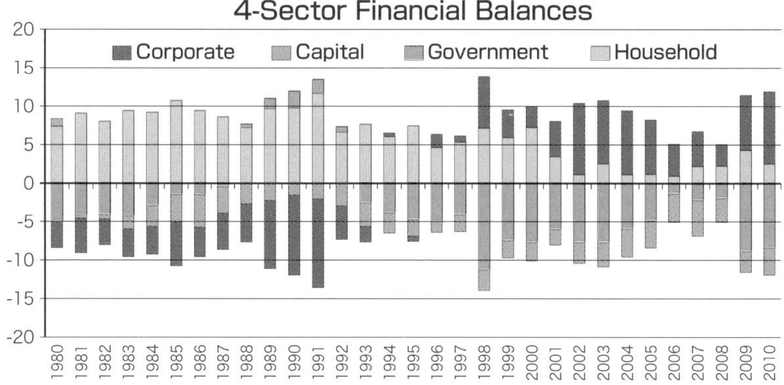

Wilder, Rebecca, 2012, "Japan's Lopsided Financial Balances" THE WILDER VIEW, EconoMonitor, http://archive.economonitor.com/rebeccawilder/2012/01/22/japans-lopsided-financial-balances/ より引用

6-2 ストック・フロー一貫モデルとは② 需要主導型の方程式体系

ストック・フロー一貫モデルの第二要素である需要主導型の方程式体系について論じていきます。

需要主導型の方程式体系

ストック・フロー一貫モデルのもう一つの特異性は、**需要主導型の方程式体系**です。

ストック・フロー一貫モデルは、需要主導型の方程式体系を取ることで、各部門、各主体同士の金融取引、金融関係が、どのように実物取引に影響を与えるかを、現実に近い形で描出することができるという特質を持っています。

主流派経済学モデルとの違い

6-1で述べたように、非MMT的ないわゆる主流派経済学系のモデルも、フローの蓄積がストックになるという形になっているという点において、会計的一貫性自体は共通して存在します。

しかしながら、非MMTのモデルは（＊トービンの“pitfall”アプローチなどの例外はありますが)、主として実物と金融を分離することで供給主導型の方程式体系を形成しています。

その結果、金融変動が実物取引に与える影響はまったくないか、あるとしても一時的かつ小さいものだと見なす構造となっていました。

これは、世界金融危機やユーロ危機の見逃しや過小評価につながりました。

昨今では、様々な“摩擦”の導入で現実に近づけようとする試みは活発であるものの、それでもあくまで一時的な乖離現象として落とし込もうとする手法が主流です。

一方で、ケインズ型の需要主導型方程式体系を持つストック・フロー一貫モデルは、金融と実物の連動を前提とします。

こうした構造により、当該モデルは直近の金融危機への高い説明能力を持ちます。

また、6-5、6-6にて詳説するように、ストック・フロー一貫モデルは、単純にマクロ指標をそれぞれ結びつけただけのモデルではなく、各主体における基礎的な行動方程式（支出決定、資金調達、貯蓄需要……）を基盤としています。

丸っきり完全にその場限りの関係を導出するというわけではなく、少なくとも一定程度の経済行動の理論的基盤を持ったモデルということです。

（構造計量モデル一般に対する理論的批判である、いわゆるルーカス批判を完全に回避しているわけではありませんが、各主体の行動が理論的に基礎付けられていないという批判はあたりません）

ストック・フロー一貫モデルと主流派経済学モデルの違い

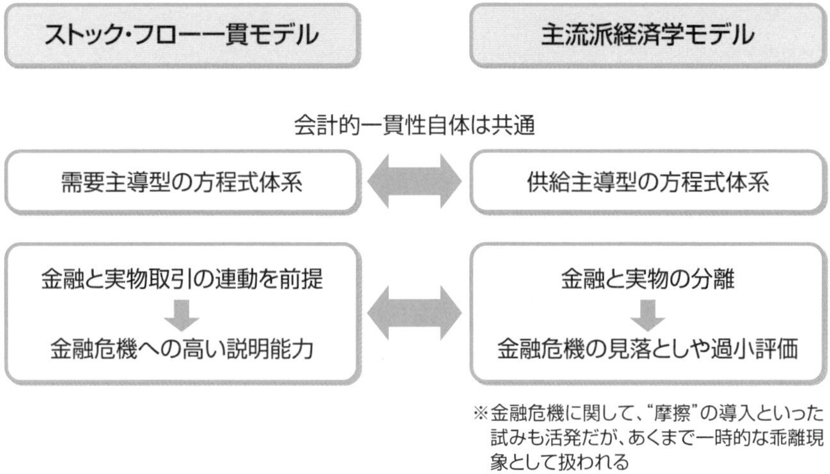

ストック・フロー一貫モデル		主流派経済学モデル
会計的一貫性自体は共通		
需要主導型の方程式体系	⇔	供給主導型の方程式体系
金融と実物取引の連動を前提 ↓ 金融危機への高い説明能力	⇔	金融と実物の分離 ↓ 金融危機の見落としや過小評価

※金融危機に関して、“摩擦”の導入といった試みも活発だが、あくまで一時的な乖離現象として扱われる

6-3 会計的一貫性とその含意①
ゴルディロックス・エコノミーの凋落

ストック・フロー一貫モデルにおける会計的一貫性の要素がどのような含意を持つのかについて概説します。

ゴルディロックス・エコノミー

ストック・フロー一貫モデルの含意を考察するにあたり、大変参考になる歴史的実例が、アメリカのビル・クリントン政権での財政黒字です。

当時のクリントン政権では、財政黒字と好況が並行しており、理想的な経済状態であると見なされていました。

当時の経済状況は、童話『3匹のこぐま』の主人公の少女ゴルディロックスの名前をもじって、**ゴルディロックス・エコノミー**（Goldilocks Economy：ちょうどいい経済状態という意味）と呼ばれ、もてはやされていました。

当時の政策担当者は、"降って湧いた"財政黒字に浮かれ、財政の支出先を（滑稽にも）喜んで探していたのです。

MMT派経済学者の警告

しかしながら、同時期にMMT派の経済学者はその状況に警鐘を鳴らしていました。

MMT派経済学者は、「**財政黒字は民間部門の赤字を反映しており、それは民間部門での借入過剰、バブル経済を示唆するものであるため、維持不可能である**」と診断を下していました。

好況それ自体も、民間の借入過剰による徒花に過ぎず、遠からず不況への反転と財政赤字への転落が生じると警告したのです。

特に最初期のMMT派経済学者の1人であるウォーレン・モズラーは、アル・ゴア副大統領に対して、以下のように警告したと述懐しています。

「200年以上の米国の歴史における直近6回の財政黒字期を見てみると、その直後に不況に陥ったのは6回のうちたった6回だけだった」

「来たる崩壊は、財政黒字を許容して私たちの貯蓄を抜きとったために起こるのだから、結果としての不況は、私たちの失われた貯蓄が十分埋め合わせられ、産出と雇用を修復するのに必要な総需要をもたらすだけの財政赤字が蓄積されるまで収束しない」

実際、アメリカはその後バブル崩壊による不況を経験することになりました。

ストック・フロー一貫モデルの会計的一貫性に基づいた含意は、MMT派経済学者に精確な洞察をもたらしたというわけです。

アメリカ（と日本）における財政黒字期と景気後退期

	財政黒字期	政府債務減少幅	景気後退	備考
米国	1817-21	△21%	1819	1819年恐慌
	1823-36	△100%	1837	1837年恐慌
	1852-57	△59%	1857	1857年恐慌
	1867-73	△27%	1873	最初の「大恐慌」
	1880-93	>△50%	1893	1893年恐慌
	1920-30	△33%	1929	世界恐慌
	1993-97	△16%	2001	ITバブル崩壊
日本	1985-92	△8%	1991	バブル崩壊

＊Wray, L.R. , 2010, "The Federal Budget is NOT like a Household Budget: Here's Why", ROOSEVELT INSTITUTE, https://rooseveltinstitute.org/federal-budget-not-like-household-budget-heres-why/ を参考に、シェイブテイル@shavetail 氏作成（＊一部修正）
（引用元:シェイブテイル、2019、『MMT（現代貨幣理論）で解ける財政問題』、Amazon Services International,Inc. ）

6-4

会計的一貫性とその含意②
財政「黒字」の危険性

前節を踏まえ、金融経済における財政「黒字」(財政赤字ではなく)の危険性について解説します。

財政「黒字」の危険性

財政黒字が実現するには、民間部門の赤字か、海外部門の赤字が実現していなくてはなりません。

また、民間部門の赤字が短期的にでも持続するには、民間部門が旺盛な借入支出を行う必要があります。

しかし、そうした旺盛な借入支出は、通常はバブル発生を伴う必要があり、必然的にバブル崩壊と共に破綻することになります。破綻した民間部門の救済や総需要の補填には、当然財政赤字が用いられるしかありません。

海外部門でも似たことが言えます。

途上国でのバブルによって海外から一挙に資金流入が起き、それを元手とした途上国輸入の増加によって海外赤字が一時的に実現したとしても、途上国バブル崩壊によって元の木阿弥に戻ることになります(この際に、途上国で起きるのがいわゆる通貨危機です)。

このときは大抵、アメリカや日本などのハードカレンシー国が、破綻した途上国の救済のため、(直接資金供出するにせよ、途上国の輸出品購入で買い支えるにせよ)陰に陽に財政赤字などで補助することになります。

このように、**財政黒字は、民間や海外での維持不能な信用膨張を示唆する「危険信号」「腫瘍マーカー」にあたる**のです。

財政赤字を「許容」する

当然のことながら、財政赤字にしたからといって、民間や海外のバブルが起こらないわけではありません。

財政黒字はあくまで、民間信用の膨張が、税収の一方的上昇という形で観測されるという性質によって生ずるものに過ぎないからです。

腫瘍マーカーが上昇したとき、腫瘍マーカーとなる物質だけを減らす薬を使っても、ガン自体がなくなったりはしないのと同様、財政を単に赤字にさえすれば、民間や海外の信用膨張がなかったことになるわけではないのです。

しかしながら、民間や海外のバブルが起きておらず、また民間部門が（正当にも）全体での純貯蓄を実現しようとするならば、その際は、基本的に財政赤字を受け入れなくてはならないということも事実です。

持続的な財政赤字こそが「常態」です。

財政赤字を拒否しようとする財政指針は、事実上、民間ないし海外のバブルを“必要”としてしまうということに注意しなくてはなりません。

財政「黒字」は危険信号

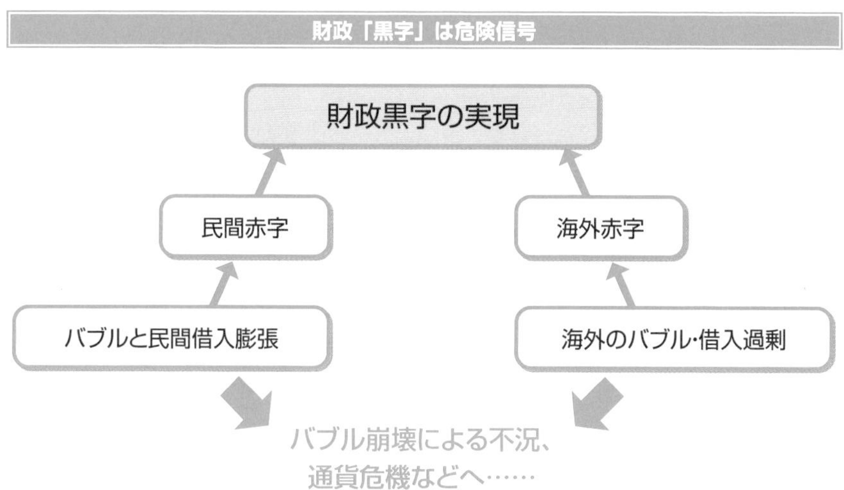

＊“財政赤字なら大丈夫”というわけではないが、バブルへの依存を回避したければ、財政赤字を受け入れなくてはならない。

6-5 需要主導型の方程式体系の詳細①
ケインズ型の方程式体系と行動様式・行動特性

ストック・フロー一貫モデルに特徴的なインプリケーションの“源泉”となる、需要主導型の方程式体系について整理しておきます。

ケインズ型の方程式体系

ストック・フロー一貫モデルでは、ケインズ型の需要主導の方程式体系を導入することで、集計的需要が短期的のみならず長期的にも重要となります。

これにより、新古典派モデルでは過小評価されがちな金融の実物に対する効果を、正当に評価することができます。

しかし、ストック・フロー一貫モデルは、集計的需要のみに基づいた大雑把なマクロモデルではなく、各主体の行動様式・行動特性に重きが置かれています。

行動様式・行動特性

行動様式・行動特性は、ストック・フロー一貫モデルのモデル的含意を導くにあたり重要なファクターです。

行動様式・行動特性は、以下の五つの要素を元に定式化されます。

- 支出決定：消費は可処分所得や資産の関数として記述されます。また、投資は留保利益や借入依存度、資本利用度などの関数として記述されます。そして政府支出を想定して設定することで、全体の支出が決定されます。
- 資金調達：まず政府部門に関しては、政府は支出分のどれだけを国債に換え、どれだけを通貨のままにするかを決定します。企業は社債、株式といった資金調達のうち、何をどれだけ利用するかによって、その利潤の分配が変容します。また家計が所得に対してどれだけの比率で借入するかによって、家計支出の水準と家計から利子所得者への分配の水準は変化するでしょう。

- 貯蓄需要：所得に対してどれだけ貯蓄し、また貯蓄手段をそれぞれどういう比率で保有するかによって、支出水準や資金調達の容易さが変動します。たとえば、安全資産が集中的に需要されるような恐慌的経済状況なら、民間部門の貯蓄需要は一般に高まる一方で、他の民間部門による借入などは著しく制約されるかもしれません。
- 生産性・賃金・インフレーション：賃金は、労働者と雇用者の間で闘争的に定まります。また物価水準は、製品原価に対するマークアップ[上乗せ]で定まり、マークアップの水準やそれにより利潤を得られる主体は経済構造や経済状況によって左右されることになるでしょう。
- 銀行行動と金融政策：銀行は基本的に民間の信用需要に応じた分だけ信用創造しますが、借り手の信用度や自己資本の水準、金融規制などで制約されます。また中央銀行は、ある政策金利に応じて、銀行間市場が必要とするハイパワードマネーを随時必要分供給します。

上記要素の定式化により構築されたモデルから、のちに論ずるような様々なインプリケーションが導かれることになります。

ストック・フロー一貫モデルの需要主導型方程式体系

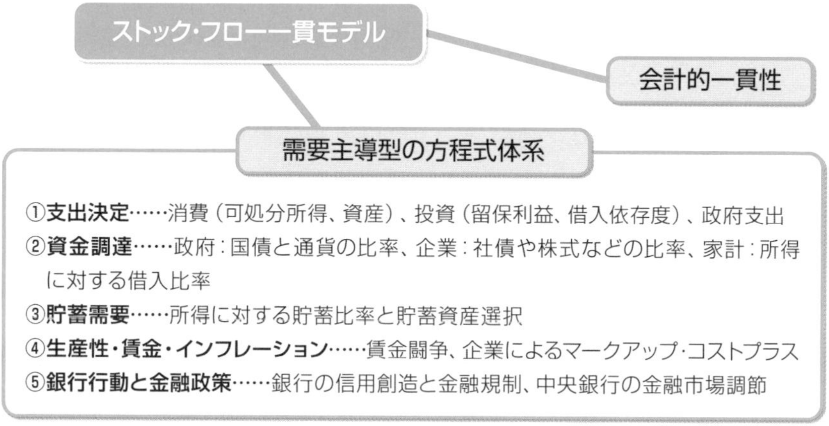

ストック・フロー一貫モデル

会計的一貫性

需要主導型の方程式体系

①**支出決定**……消費（可処分所得、資産）、投資（留保利益、借入依存度）、政府支出
②**資金調達**……政府：国債と通貨の比率、企業：社債や株式などの比率、家計：所得に対する借入比率
③**貯蓄需要**……所得に対する貯蓄比率と貯蓄資産選択
④**生産性・賃金・インフレーション**……賃金闘争、企業によるマークアップ・コストプラス
⑤**銀行行動と金融政策**……銀行の信用創造と金融規制、中央銀行の金融市場調節

6-6

需要主導型の方程式体系の詳細②
ストック・フロー比率の「ノルム」

6-5で整理した方程式体系を元に、ストック・フロー比率の「ノルム」という性質とその経済的含意を検討します。

ストック・フロー比率の「ノルム」

ストック・フロー一貫モデルの「長期」均衡では、ストック・フロー比率は一定の値に定まると想定されます。

たとえば、家計が自身の所得よりはるかに多い債務を積み上げたり、逆に貯蓄の減少を受け入れたりすることは、一時的にはあり得たとしても、中長期的にはほとんどあり得ません。

家計貯蓄水準も、家計借入水準も、それぞれ「**ノルム**」（**規範**）と呼ばれ得る水準に戻ろうとするのです。

「ノルム」からの乖離と回帰＝ブームとバスト

日本の不動産バブルや、アメリカのサブプライムローン・バブルに見るように、投資ブームの熱狂の最中においては、一時的に民間部門が、①借入／所得比の急騰を容認し、①貯蓄／所得比の目標を引き下げる、ということは起こり得ます。このとき､ストック･フロー比率は､「ノルム」から大きく乖離していくことになるでしょう。

しかしながら、そうした「ノルム」からの乖離は、長続きしません。所得に比して多すぎる借入も、所得に比して少なすぎる貯蓄も、貨幣ユーザーないし通貨ユーザーである民間部門にとって、維持不可能な状態であるからです。

「ノルム」からの乖離は経済にブームをもたらしますが､それは徒花に過ぎず､「ノルム」への回帰に伴い、経済は不況に陥ることになります。

こうしたブームとバストの構造は、ミンスキーの「金融不安定性仮説」、「ミンスキーの瞬間」（Minsky Moment）の議論に通ずるものです。

ストック・フロー比率の「ノルム」とブーム／バスト

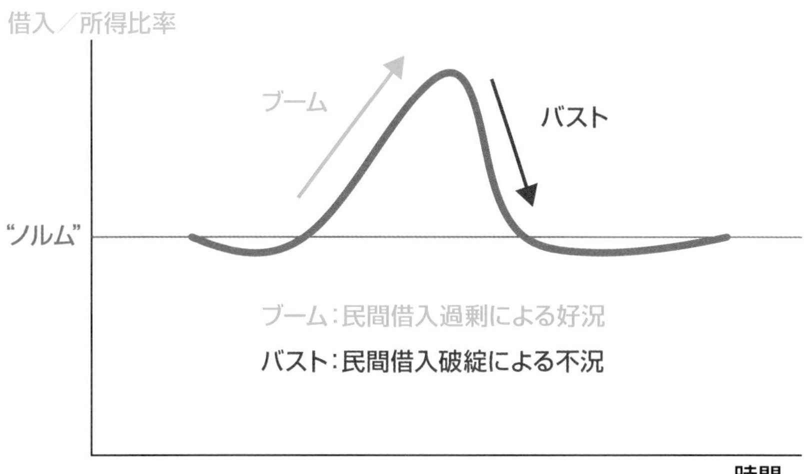

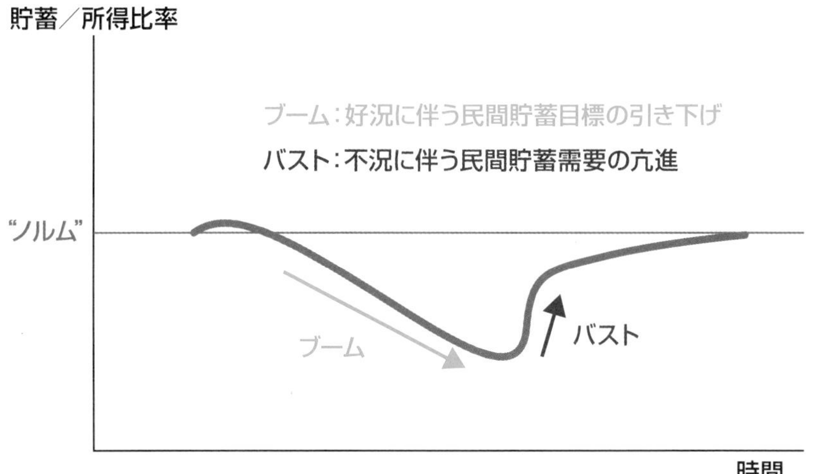

6-7 実例への適用①
世界金融危機(GFC)

これまで解説してきたストック・フロー一貫モデルの含意を元に、現実に起きた金融・経済危機を「解剖」していきましょう。

世界金融危機

これまで解説した通り、金融危機の類は、バブルに基づく民間債務の膨張の末に起きてきます。世界金融危機（Global Financial Crisis:GFC）も例外ではありません。

アメリカやヨーロッパ諸国での不動産バブルは、刹那的な好況と共に、民間債務膨張と、政府財政の一時的な改善をもたらしました。バブルの当事者国は2002年から2007年にかけて軒並み財政黒字転化ないしは財政赤字圧縮を実現し、当事者国のみならずその周辺国（日本含む）も、大幅な財政指標改善を経験したのです。

その最中である2004年、後に米連銀議長となるベン・バーナンキは「大いなる安定」（“The Great Moderation”）というスピーチで、金融市場の深化や金融政策の洗練化によって景気変動が抑制されるようになったと主張していました。当時こうした見解は主流のものでしたが、その後に起きた経済危機を知る我々の目からは、滑稽で、また度し難いものに見えるでしょう。

GFCの深層で起きていたこと

ストック・フロー一貫モデルによる世界金融危機（GFC）の分析は、危機のさらなる深層にまで及んでいます。

大企業による寡占化の進行や労働者層の全体的な交渉力の低下、それによる所得格差の拡大は、（古くはマルクス経済学にも通ずる）金融資本主義の本質的性質にして問題点です（非MMTの経済学者の中でも昨今よく問題にされるところ）。

レヴィ研究所（MMT派経済学者を多数擁する研究所）のニキフォロスらは、ストック・フロー一貫モデルによる分析の中で、こうした所得格差の中での十分な総需要を確保するには民間の貯蓄低下＆借入膨張が必要になり、それを支えるための資産バブルがさらに必要とされる、という構造があることを指摘しました（実は非MMT的なアプローチからも、たとえばローレンス・サマーズらによって類似の指摘が為されており、大変興味深い共通点と言えます）。

こうした構造を踏まえると、**経済安定化のためには、金融資本主義によって必然的に拡大する所得格差を抑制することが必要になってくる**のです。

世界金融危機（GFC）の構造と深層

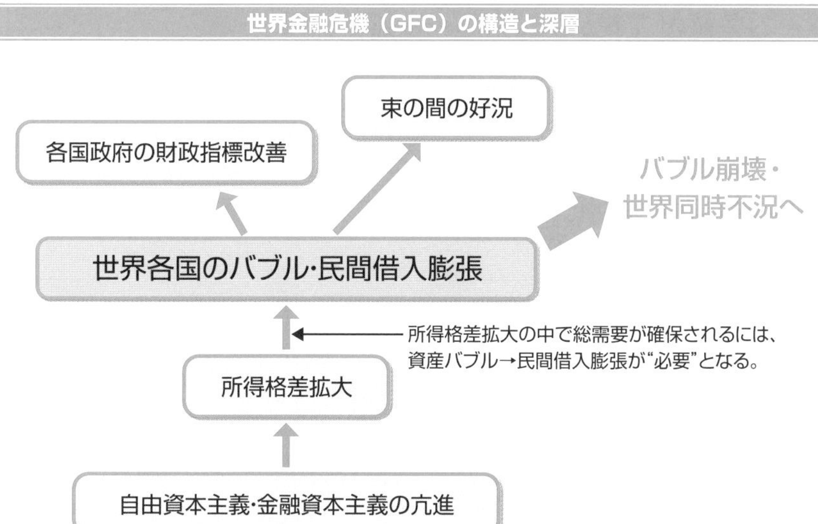

6-8 実例への適用② ユーロ危機

前節の世界金融危機（GFC）に引き続き、GFCと随伴して生じたユーロ危機についてのストック・フロー一貫モデル式の分析を解説しましょう。

ユーロ危機とストック・フロー一貫モデル

ポスト・ケインジアン（＊厳密にはMMT派ではない）であるウェイン・ゴドリーとマーク・ラヴォアは、ストック・フロー一貫モデルの枠組みを用い、ユーロの危機を、早くも2007年の時点ですでに理論的に「予測」していました。

ゴドリーとラヴォアは著書の中で、ユーロ圏内部での生産性の違いに起因する国際的不均衡について、

① ECBによる弱小国国債の買い支え

あるいは

②弱小国での緊縮財政による不均衡防止

のいずれかの対応を要し、そうでなければ弱小国における財政危機が惹き起こされる、と警告しました。

この警告は、その後実際にギリシャやスペインなどで発生した金融財政危機と酷似するものだったのです。

ユーロ危機当時は、PIIGS諸国（ポルトガル、イタリア、アイルランド、ギリシャ、スペイン）の財政運営に対する（安易かつ無責任な）批判が、経済論壇では目立ちました。

しかしながら、本当に注目すべきだったのは、通貨システムと財政制度を不用意に切断し、それによって財政不安定性と金融不安定性を高めてしまったユーロシステムそれ自体の構造的欠陥のほうだったのです。

ユーロ危機に対するさらなる分析の展開

ゴドリーとラヴォアの研究発表以降、ユーロ圏についてはストック・フロー一貫モデルをベースとした様々な研究が提示されています。

そこでは、下記について論じられたりしています。

- ユーロ圏レベルでの財政統合（たとえば、連邦予算の設置とユーロ債の発行）の有効性
- （バンコールシステムのような）国際不均衡による金融不安定性を是正する国際的枠組みなどの必要性

ユーロ圏の危機や問題を論じるにあたって、ストック・フロー一貫モデルは、極めて説得的で有効なツールとなっているのです。

ユーロの構造的欠陥と取り得る対策

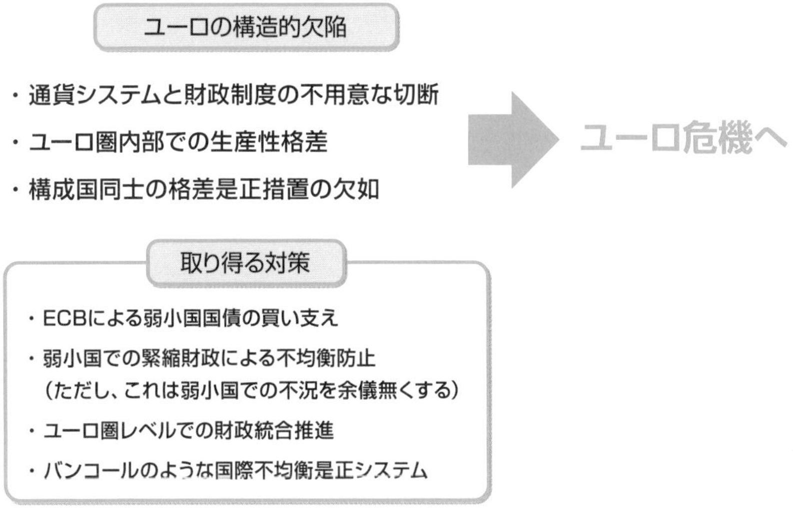

ユーロの構造的欠陥

・通貨システムと財政制度の不用意な切断
・ユーロ圏内部での生産性格差
・構成国同士の格差是正措置の欠如

→ ユーロ危機へ

取り得る対策

・ECBによる弱小国国債の買い支え
・弱小国での緊縮財政による不均衡防止
（ただし、これは弱小国での不況を余儀無くする）
・ユーロ圏レベルでの財政統合推進
・バンコールのような国際不均衡是正システム

6-9 会計的一貫性に基づくバランスシート表／取引フロー表

章の最後に、ストック・フロー一貫モデル分析に用いられるバランスシート表／取引フロー表の例を紹介しておきます。

会計的に一貫したストックとフローの表

ストック・フロー一貫モデルにおいて、分析に用いるバランスシート表／取引フロー表の例を示し、その説明をしておきます。

末尾に示す各表において、たとえばDなら銀行預金（Deposit)、Wなら賃金（Wage）というふうに、各資産（負債）項目や各取引項目を示します。

また、hやbなどの添字は、各部門［hなら家計（household)、bなら商業銀行（bank）というふうに］を指します。

図表に示されている通り、各資産（負債）の総和や、各取引の総和は必ずゼロになり、当然各部門の金融資産／金融負債はバランスすることになります（*なお、取引フロー表は、金融取引にのみフォーカスしているので、バランスシート表と違って固定資本が項目にありません)。

複数国を扱うストック・フロー一貫モデルを構築する場合は、同様の項目の海外分を追加します。当然その際は、海外を含めた会計的一貫性が成り立ちます。

様々な複雑化

留保しておきますが、このストック／フロー表はかなり単純で基礎的なものであり、研究テーマに応じて様々な複雑性を加えることができます。

たとえば、労働所得者と利子所得者を分割し、投融資や経済政策などの条件変化による所得格差拡大の寄与を分析することも可能です。

また、証券化手法やいろいろなデリバティブを資産として分類して扱うことで、そのことがもたらす金融不安定性や格差の増幅について考察することも可能でしょう。

会計的一貫性に基づく表の例

	家計	企業	商業銀行	統合政府	合計
固定資本		$+K$			$+K$
通貨	$+H_h$		$+H_b$	$-H$	0
国債	$+B_h$		$+B_b$	$-B$	0
銀行預金	$+D_h$	$+D_c$	$-D$		0
貸付金	$-L_h$	$-L_c$	$+L$		0
株式	$+p_eE_h$	$-p_eE_c$	$+p_eE_b$		0
残高（純資産）	$-NW_h$	$-NW_c$	$-NW_b$	$-NW_g$	$-K$
合計	0	0	0	0	0

	家計	企業	商業銀行	統合政府	合計
取引					
消費	$-C_h$	$+C$			0
投資		$-I, +I$			0
政府支出	$+G_h$	$+G_c$		$-G$	0
賃金	$+W$	$-W$			0
企業利潤	$+M_h$	$-M, +M_c$			0
租税等	$-L_h$	$-L_c$	$+L$		0
預金金利	$+r_{d-1}D_{h-1}$		$-r_{d-1}D_{h-1}$		0
貸付金利息	$-r_{l-1}L_{h-1}$	$-r_{l-1}L_{c-1}$	$+r_{l-1}L_{b-1}$		0
国債利息	$+r_{b-1}B_{h-1}$		$+r_{b-1}B_{b-1}$	$-r_{b-1}B_{g-1}$	0
資金循環	$[NL_h]$	$[NL_c]$	$[NL_b]$	$[NL_g]$	0
通貨	$-\Delta H_h$			$+\Delta H$	0
国債	$-\Delta B_h$		$-\Delta B_b$	$+\Delta B_g$	0
銀行預金	$-\Delta D_h$	$-\Delta D_c$	$+\Delta D_b$		0
貸付金	$+\Delta L_h$	$+\Delta L_c$	$-\Delta L_b$		0
株式	$-p_e\Delta E_h$	$+p_e\Delta E_c$	$-p_e\Delta E_b$		0
計	0	0	0	0	0

マネー・マネージャー資本主義と「ミンスキーの半世紀」

ミンスキーの「金融不安定性仮説」の議論は世間的に有名ですが、「ミンスキーの半世紀」（Minsky’s half century）という概念はあまりよく知られていません。

ミンスキーも、その“門徒”であるレイも、家計所得成長の鈍化による消費の不安定化や、金融規制緩和に伴う金融不安定性の増幅への危機感を持っていました。

大恐慌後のニューディール体制によって実現した家計所得・消費の安定と強固な金融規制は、戦後経済の隆盛の礎となりました。

しかしながら、そうしたシステムは瓦解に向かい、並行して金融規制緩和・金融自由化が進みました。そこでは、家計消費の債務依存度の上昇と、金融機関による証券化＆転売型のビジネスモデルへの転換がパラレルに生じることになりました。

こうして、ミンスキーがマネー・マネージャー資本主義と呼ぶ体制が「半世紀」をかけて構築されていくことになったのです。

特にアメリカでは、金融部門が全企業利潤の約40%を占めるほどに膨張しました（奇しくも、大恐慌前の1929年もこれに近い水準であったといいます）。マネー・マネージャー資本主義においては、こうした金融所得はごく一部に不公平に集中し、不平等による安定購買力の不足が、必然的な破綻をもたらすわけです。

こうした危険な病態に対し、レイは以下の二つを主張しています。

まず第一に、マネー・マネージャー資本主義におけるバストを補填できるのは、政府だけだということです。

マネー・マネージャー資本主義における束の間の繁栄は、過大な民間債務に依存したものだったのであり、その破綻を補填するのは、民間債務に依存しない、すなわち、政府支出を基盤とする方法でなければなりません。その“救済“の対象は、経済に危機をもたらした金融部門ではなく、その煽りを受けている産業及び家計であるべきなはずです。当然ここでは、家計所得・家計消費のバランスの取れた安定成長が実現するような経済財政政策も同時に志向されなくてはなりません。

第二に、経済に必要なのは「脱金融化」（definancialization）であるということです。

金融規制緩和・金融自由化によるマネー・マネージャー資本主義への堕落を反省し、それを逆転させる金融規制政策が敷かれなければなりません。Too big, too failと言われる一部金融機関の膨張を抑制し、地域金融などへ“分散”していくことも必要になります。

レイに言わせれば、最近（執筆時点）での景況の落ち着きも、回復の途上なのではなく、新たな危機への道程に過ぎません。マネー・マネージャー資本主義からの脱却なくしては、恐慌のリフレインから逃れることはできないのです。

第7章

ジョブ・ギャランティ

ジョブ・ギャランティ（Job Guarantee:JG、就業保証）は、MMT派経済学者が経済調整の基本政策として提示する雇用政策のことを指します。

端的に言えば、一定賃金の雇用を政府が無制限に供給する政策のことです。

この政策論がどのような構造と経済的意義を持っているか、なぜこのような政策論が“理論的”に“要請”されるのかについて、この章では論じていきたいと思います。

7-1 ジョブ・ギャランティとは何か

ジョブ・ギャランティという政策論の概要について、まず簡潔に整理します。

ジョブ・ギャランティ=一定賃金雇用の無制限供給

MMT派経済学者が"基本"政策として言及する政策提案として、**ジョブ・ギャランティ**（**就業保証**、**ジョブ・ギャランティ・プログラム**とも）というものがあります。

ジョブ・ギャランティとは、一定賃金の雇用を無制限に供給する政策のことです。

MMT派経済学者はこの政策を、通貨発行権を持つ政府が"最低限"行うべき政策の一つであると主張しています。

ジョブ・ギャランティの基本的性質

ジョブ・ギャランティの詳細な特徴や経済上のベネフィットについて論じる前に、この政策・システムの最も基本的な特徴においてあらかじめ確認しておきます。

まず、一定賃金の雇用を政府が無制限に供給するということは、求職者が原則全員雇用されることです。

この場合、**定義上の完全雇用（求職者が皆、就業している状態）が実現し、常にキープされる**ことになります。これは定義的に自明な事実です。

また、政府から一定賃金の雇用が無制限に供給されるということは、民間がそれ以下の賃金の雇用条件を提示しても、労働者からは受容されないことになります。ジョブ・ギャランティより低い条件の雇用に就く必要はまるでないからです。

このため、**ジョブ・ギャランティで設定された賃金と待遇は、労働市場における"最低限"（floor）を形成する**ことになり、民間は必ずそれ以上の条件を提示しなければ人を雇うことができなくなります。建前上は最低賃金を割ってはいないが大幅なサービス残業がある職場、あるいは低賃金であるにも関わらず過大な業務量やストレスのある職場なども“淘汰”されていくことになるわけです。

加えて、以上の性質から必然的ではありますが、**民間がジョブ・ギャランティ以上の賃金・待遇を提示できるならば、ジョブ・ギャランティから民間への雇用は容易に起きる**ことになります。後に詳しく論じますが、特に好況期においては、“自然と”労働力がジョブ・ギャランティから民間へと移行することによって、民間部門における労働力逼迫が緩和されるという構造になります。

政府が設定するジョブ・ギャランティ賃金（待遇）が法外に高水準な場合は別ですが、そうでなければジョブ・ギャランティ雇用が“溢れ返る”というようなことは考えづらいことになります。

上述のような基本的性質を押さえた上で、その構造や詳細を次節以降で議論していきます。

ジョブ・ギャランティの基本的性質

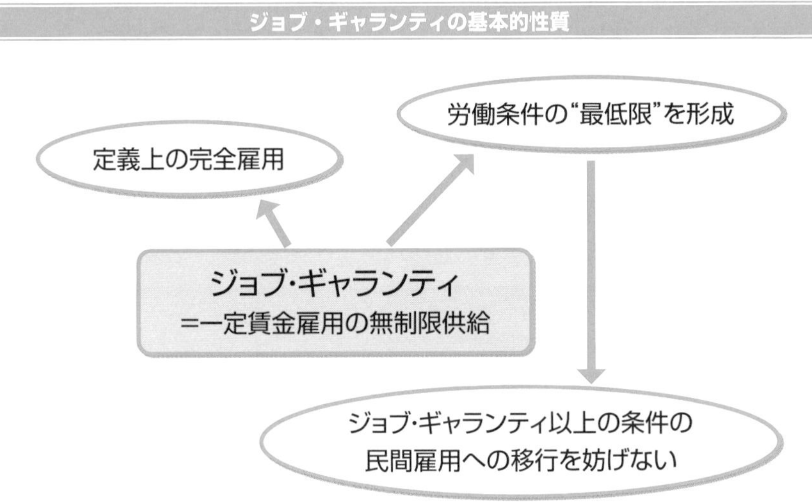

7-2 労働力の“バッファー・ストック”という概念

ジョブ・ギャランティは労働力の“バッファー・ストック”（直訳すると緩衝在庫）として機能する制度です。この概念について解説します。

“バッファー・ストック”とは何か

ジョブ・ギャランティは、経済に対して労働力の“**バッファー・ストック**”（日本語で“**緩衝在庫**”）を提供するものです。

では、そもそもこの“バッファー・ストック”とは一体何なのでしょうか。

第1世代MMT派のビル・ミッチェルは、彼の講演の中で、彼の母国オーストラリアにおける羊毛管理政策を例としてバッファー・ストックについて説明しています。

オーストラリアでは、羊毛生産者の生産活動と、羊毛利用者の羊毛調達の双方を安定化させるため、羊毛の価格誘導政策を行っています。

羊毛が市場に過剰になる場合は、政府が一定価格で際限なく買い取ってストックし、逆に羊毛が不足する場合は、あらかじめストックしておいた羊毛を市場に売却して供給します。

このように、**一定価格での購入・ストック・売却を政府が保証することで、市場を安定化させるシステム**のことを、バッファー・ストックと呼ぶわけです。

労働力バッファー・ストックとしてのジョブ・ギャランティ

ジョブ・ギャランティは、上記で説明したバッファー・ストックと同じ構造を持っていることになります。

政府は、不況などによって余剰となった労働力を一定価格（一定賃金・待遇）によって購入してストック（*何らかの業務に従事させたり、職業訓練などを施したりする）しておきます。

一方、好況に転じて民間の労働力需要が高まれば、民間部門がジョブ・ギャランティ賃金以上の雇用待遇を提示するようになるため、ジョブ・ギャランティから民間部門へと労働力が**自然と**移動します。

政府が一時的に羊毛を購入・保存することで羊毛生産者の生活と羊毛安定供給がパラレルに保護されるのと同様、政府が一時的に労働力を購入・保存（失業による陳腐化を防ぐという意味で）することによって労働力供給者＝労働者層の生活と経済全体の労働力安定供給がパラレルに保護されることになるわけです。

後の節にて詳しく論じますが、この政策には総需要的側面と供給的側面があることになります。

つまり、不況期に労働者層の所得を全体的に下支えすることによって、労働者層の生活を保護しつつ総需要を安定的に維持することができ、好況期には、自然と民間へ労働力が移行することによって、労働力逼迫を緩和します。

こうして、総需要の面でも、供給の面でも、経済の安定化に資する政策デザインになっているわけです。

労働力バッファー・ストックとしてのジョブ・ギャランティ

不況期

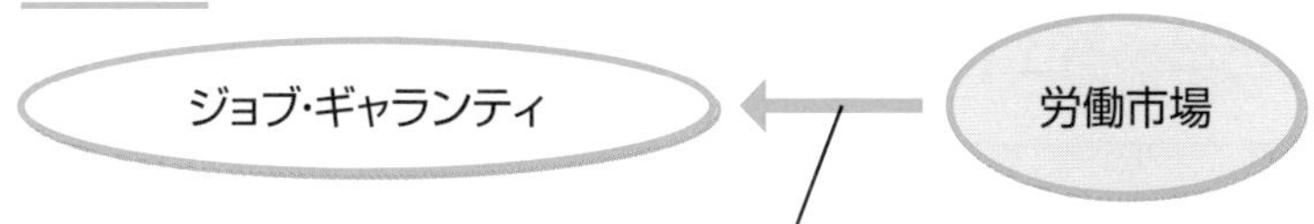

不況期は余剰労働力をジョブ・ギャランティに“ストック”する

好況期

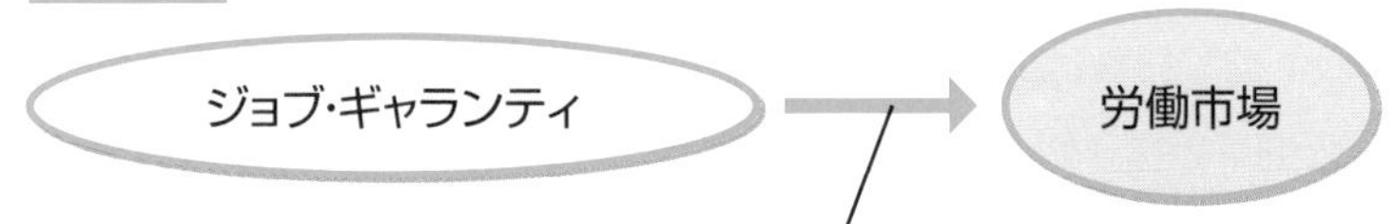

好況期は、あらかじめストックされた労働力が自発的に労働市場へ移動する

- ☑ **労働者層の生活を安定化**
- ☑ **経済全体の労働力安定供給を保護**

7-3

バッファー・ストック①
反循環的経済調整機能

7-2で解説した労働力バッファー・ストックとしてのジョブ・ギャランティについて、その反循環的経済調整機能を考察します。

非自発的失業の根絶と総需要の下支え

7-1でも論じた通り、ジョブ・ギャランティは希望者を原則全員雇用するため、経済から非自発的失業は文字通り"根絶"され、定義上の完全雇用がキープされます（ただし、自発的失業は起こり得ます。たとえば、失業給付のみを受け取り、ジョブ・ギャランティに就かずに求職活動を行う、といった人が一定数いる場合は、その分だけ自発的失業が存在することになります）。

これにより、**不況によって発生する非自発的失業と、非自発的失業の増加によって生じる総需要減退の深刻化が未然に防がれる**ことになります。

好況時の労働力ストック供給

逆に、経済が好況に転じて、民間の労働力需要が高まった場合はどうでしょうか。

すでに7-1で解説した通り、ジョブ・ギャランティはあくまで一定賃金雇用の無制限供給というだけであって、ジョブ・ギャランティを超える待遇の雇用を民間企業が提示し、雇用が民間へと移動していくのを妨げることはありません。

このため、好況になり、民間の労働力需要が高まり、民間がジョブ・ギャランティよりも比較的高賃金・高待遇の雇用を用意できるようになれば、ジョブ・ギャランティによってストックされていた労働力が民間へと移行し、労働需給バランスが調整されることになります。

反循環的経済政策としてのジョブ・ギャランティ

上記で確認したように、ジョブ・ギャランティによる労働力バッファー・ストックの運用は、

- 不況期に労働力を政府によってストックしておき、好況時には民間へ労働力が移動する、という供給面での経済調整。
- 不況期にはジョブ・ギャランティ雇用が自然と増加して労働者層への政府支出が自動的に増加し、好況期にはジョブ・ギャランティから民間へと雇用が移動することで自然と政府支出が減少する、という需要面での経済調整。

という、両面的な反循環的経済調整システムとして機能することになります。

ジョブ・ギャランティの反循環的経済調整のメカニズム

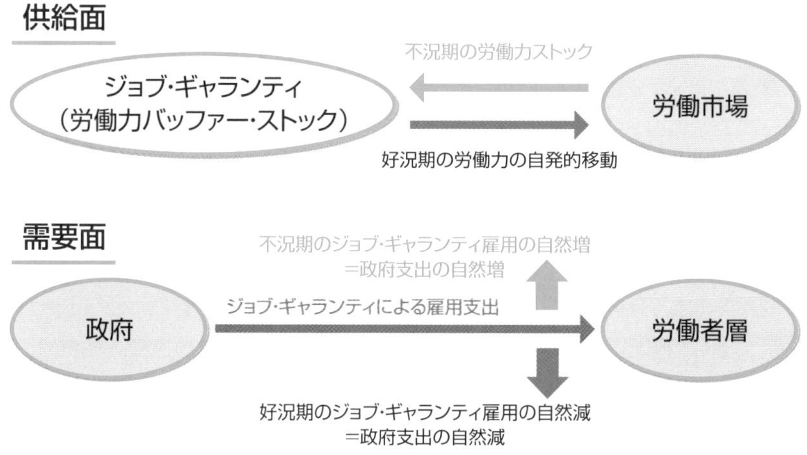

7-4
バッファー・ストック②
労働力陳腐化防止と産業変革の円滑化

ジョブ・ギャランティの労働力バッファー・ストック機能が、労働力陳腐化防止と産業変革の円滑化をもたらすメカニズムについて考察します。

労働力の陳腐化防止

羊毛ですら、きちんとした保管態勢が必要です。

したがって、労働力をきちんと“ストック”しておくには、同様に（あるいはそれ以上に）相応のコストが必要になります。

まず、労働力が労働力としてキープされておくためには、日常通りの生活を送れるだけの安定所得が当然必須になります。

それに加え、ジョブ・ギャランティによって提供される業務や職業訓練は、労働者の能力や勤労習慣を維持・向上するように機能します。

また、労働者が「社会から必要とされていない」という疎外感に苛まれ、犯罪やドラッグ、セルフネグレクトに陥ってしまうのを未然に防ぎます。

一旦失業した労働者が、そのまま失業者として定着してしまう現象を失業の“履歴効果”（ヒステリシス）と言い、2009年～の世界同時不況でも履歴効果の実証が行われています。

ジョブ・ギャランティは、労働力バッファー・ストックの機能を通じて、こうした失業の履歴効果を抑制し、労働力を“ストック”しておく効果が期待されているのです。

産業変革の円滑化

失業は景気変動だけではなく、産業構造変化や貿易自由化による産業変革においても発生します。

現行のシステムでは、そうした産業変革に伴う失業や労働力の陳腐化はほとんど手当てされず、衰退産業の労働者の生活水準低下と産業変革の遅れが併せて生じがちなのが現状です。

これに対し、ジョブ・ギャランティのような、産業変革の文字通り“バッファー”（緩衝）となるような政府雇用システムがあれば、労働者の生活水準を毀損しすぎることなく、**産業変革を円滑化**することができます。

加えて、ジョブ・ギャランティにおける職業訓練が一定以上機能するならば、新産業への労働供給もアシストされることになり、**供給面でも産業変革が円滑化**されることになります。

ジョブ・ギャランティには、単なる雇用政策や反循環的経済政策という側面に留まらず、このような親市場的、親産業的側面もあるのです。

ジョブ・ギャランティによる労働力陳腐化防止と産業変革の円滑化

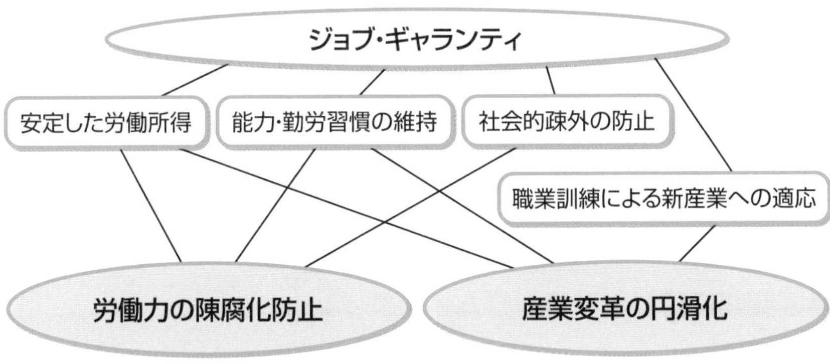

7-5 バッファー・ストック③ 中核的構成要素と一時的構成要素

労働力バッファー・ストック運用において必然的に発生する二種類の構成要素と、それに応じたプログラム割り当てについて解説します。

二つの構成要素

MMT派のビル・ミッチェルは、ジョブ・ギャランティ運用において、労働力バッファー・ストックの内部に二種類の構成要素が生まれることを指摘しています。

一つは、政府のマクロ経済政策設定や労働力と雇用主との間のミスマッチ（例としては、断続的に発生する産業変革によってコンスタントに発生する摩擦的失業圧力）などによって生じる「**中核的**」な構成要素で、これは景気循環を通じて大きくは変動せず、平均的にキープされます。

もう一つは、民間需要の景気変動によって、中核的構成要素の周辺で上下する「**一時的**」な構成要素で、これは景気循環に応じて大きく増減します。

構成要素に応じたプログラム・デザイン

ビル・ミッチェルは、上記のように中核的構成要素と一時的構成要素を分類した上で、ジョブ・ギャランティ雇用の景気変動によるピークと谷の間の変動は、ジョブ・ギャランティ全体のごく一部に留まるだろうと論じています。

もちろん、ジョブ・ギャランティ自体の規模や、景気変動の程度によって、変動幅は異なると思われます。

しかしながら、少なくとも、ゼロから数百万人を行き来する、というようなことは考えにくいということは言えるでしょう。

さて、ジョブ・ギャランティの問題点としてよく指摘されるのは、「景気変動による雇用量増減があるため、ジョブ・ギャランティ雇用に重要な公共サービスは任せられない（景気変動による途絶が生じてしまうため）のではないか」という批判です。

これに対してビル・ミッチェルは、ジョブ・ギャランティが担うプロジェクトに優先順位をつけることを提案しています。

そして、高い優先順位のプロジェクトは、景気循環で変動しない中核的構成要素に担わせる一方、変動する一時的構成要素には比較的優先順位の低いプロジェクトを担わせるわけです。

これにより、ジョブ・ギャランティ雇用量の変動による悪影響を最小化することができることになります。

もちろん、あくまで最小化するだけで、悪影響がなくなるわけではありませんが、機会費用（逸失利益）的な考え方でいくと、優先順位の低いプロジェクトに人員を縛り付けるより、より好条件を提示できる民間部門への移行を妨げないほうが、経済的にも合理的でしょう。

労働力バッファー・ストックの中核的構成要素と一時的構成要素

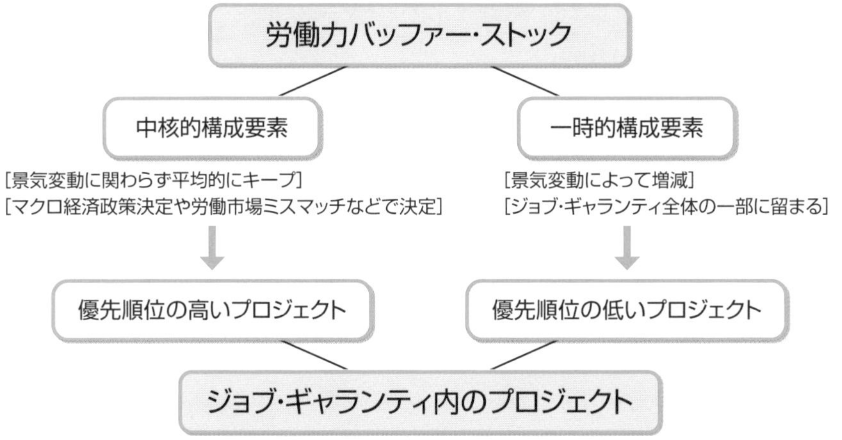

労働力バッファー・ストック

中核的構成要素
[景気変動に関わらず平均的にキープ]
[マクロ経済政策決定や労働市場ミスマッチなどで決定]
↓
優先順位の高いプロジェクト

一時的構成要素
[景気変動によって増減]
[ジョブ・ギャランティ全体の一部に留まる]
↓
優先順位の低いプロジェクト

ジョブ・ギャランティ内のプロジェクト

7-6 ジョブ・ギャランティが提唱される背景

MMT派経済学者がなぜジョブ・ギャランティを必須の政策として提唱するのか、その理論的背景について議論します。

ジョブ・ギャランティの理論的背景

MMT派経済学者は、いわゆるオールドケインジアンが称揚していたような景気浮揚志向の裁量的財政政策、特に「呼び水」政策と呼ばれる政策体制を大いに批判し、当該批判に基づいてジョブ・ギャランティの必要性を主張しています。

その理論的背景には大きく分けて、①**資本主義経済の本質的不安定性**、②**マークアップ／コストプラスと不平等なインフレーション**、の二つが挙げられます。

背景① 資本主義経済の本質的不安定性

第3章や第6章などで論じたように、資本主義経済、特にその中でも民間投資には、本質的に不安定性がつきまといます。

景気浮揚型、民間支出誘発型の古いタイプの積極財政政策は、そうした不安定な民間信用の膨張を招き、危機の頻度と深刻さを拡大することにつながってしまいかねません。

また、仮にそうした不安定化をどれだけ対策したとしても、一定の不安定性は金融資本主義経済の中ではどうしてもつきものですし、よかれと思って講じた対策それ自体がモラルハザードなどを介して不安定性を増幅することもあり得ます。

そうした中で、労働者層の生活と、労働力の温存を、民間支出のみにアプローチして間接的に志向するのは無理があります。

こうした背景においては、景気の浮沈に関わらず、労働者層の生活水準の安定と労働力の保全を図るジョブ・ギャランティの必要性が際立つことになります。

背景② マークアップ／コストプラスと不平等なインフレーション

この点については第3章「機能的財政論」で強調しましたが、総需要の全体規模にのみフォーカスする単純な積極財政政策は、一般に不平等の拡大とインフレーションの並行を伴います。

というのは、大企業などの交渉力の強い部門ないし主体への利潤蓄積が生じ、それによる価格マークアップ／コストプラスが“不平等”なインフレーションをもたらすことになるからです。

ジョブ・ギャランティは、労働者層ファーストの経済調整を志向することにより、交渉力の強い部門ないし主体への利潤蓄積に伴う弊害を回避できるという特長を持っています。

ジョブ・ギャランティの理論的背景

	「呼び水」政策［景気浮揚志向の裁量的財政政策］	ジョブ・ギャランティ
資本主義経済の本質的不安定性	・不安定な民間信用の膨張を招く ・どれだけ対策しても一定の不安定性は残るし、対策が裏目に出て不安定性が増すこともあり得る →民間支出へのアプローチで労働者層の生活と労働力の保護を図るのには無理がある	・景気の浮沈に関わらず、労働者層の生活水準の安定と労働力保全に寄与する
不平等なインフレーション	・大企業などの交渉力の強い部門ないし主体に利潤が蓄積する →マークアップ／コストプラスによる“不平等”なインフレーションが生ずる	・労働者層ファーストの経済調整 →“不平等”なインフレーションをある程度抑制

7-7 ジョブ・ギャランティは「最低限」であって「万能薬」ではない

ジョブ・ギャランティがどのような背景で何を目指しているかを理解した上で、その役割範囲の限度について留保します。

ベスト・ポリシーではなくベーシック・ポリシー

これまで論じてきたように、ジョブ・ギャランティは、資本主義経済（特に民間部門）の本質的不安定性と、裁量的財政政策（特に「呼び水」政策）の不平等性という背景に基づき、労働者の生活水準の安定（特に賃金・待遇の"底"の強固な形成）と労働力供給の安定（及び労働力の新産業移行の円滑化）を目指す政策体系です。

これは裏を返すと、ジョブ・ギャランティ（あるいはそれに類する政策体系）が整備されていないということは、「労働者の生活水準が底抜けし得る状況が放置されている」、「非自発的失業者の迅速な救済が行われない」、「労働力の一時的保全とその復帰が支えられていない」ということになります。

この意味で、ジョブ・ギャランティは、理想の政策というより当たり前の政策であり、ベスト・ポリシーではなく**ベーシック・ポリシー**なのです。

"万能薬"（panacea）ではない

「ジョブ・ギャランティは"万能薬"（panacea）ではない」という言い方を、第一世代MMT派のビル・ミッチェルはよく用います。

第一世代MMT派がジョブ・ギャランティを最大限強調していることは事実ですが、それは最低限必須の政策と考えるからであって、万能な政策であると考えているからではないということに注意しておく必要があります。

たとえば、金融不安定性の問題については、適切な金融規制への模索が当然ながら別途必要です。

当たり前ですが、インフラや教育の向上に必要なのはインフラ投資や教育投資ですし、その際にそれぞれ高度な専門職を必要とするなら、教育ないし訓練された人材を、ジョブ・ギャランティとはまったく無関係な形で、高待遇で雇用しなければなりません。

ジョブ・ギャランティはあくまで労働者層の“底”（floor）を形成することで経済を多方面から安定化・円滑化させようとするものなのであって、公共政策を全面的にジョブ・ギャランティに依存するという話でもないし、公的雇用を総ジョブ・ギャランティ化するものでもありません。このことは最大限注意されておくべきです。

ジョブ・ギャランティは「万能薬」ではなく「最低限」

ジョブ・ギャランティ

「最低限」

・労働者の生活水準の底抜けを防ぐ
・非自発的失業者の迅速な救済を行う
・労働力の一時的保全と復帰を支える

＊裏を返せば、ジョブ・ギャランティが整備されていないということは、
「労働者の生活水準が底抜けし得る状況が放置されている」
「非自発的失業者の迅速な救済が行われない」
「労働力の一時的保全とその復帰が支えられない」
ということを意味する。

×「万能薬」

・万能な政策ではない
例えば……
・適切な金融規制への模索は別途必要
・公共投資などは別途必要
・公共投資などに伴う高度な専門職の登用はジョブ・ギャランティとはまったく無関係
・公共政策を全面的にジョブ・ギャランティに依存するわけではない
・公的雇用を総ジョブ・ギャランティ化するわけでもない

7-8 ジョブ・ギャランティの詳細と主なベネフィット

MMT派経済学者、パブリナ・R・チャーネバの論文を参照して、ジョブ・ギャランティの詳細と主なベネフィットについて整理します。

ジョブ・ギャランティの詳細

パブリナ・R・チャーネバは、MMT派の中でも特にジョブ・ギャランティについて詳細に検討している経済学者です。

彼女の論文を参考に、ジョブ・ギャランティの運用・業務に関して、詳細かつ網羅的にまとめておきます。

- Permanent but voluntary……恒久的かつ自発的な雇用を提供します。
- A living wage……生活可能な賃金＋給付（wage & benefit）を提供します。
- Local……失業者の居住地における雇用（転居を伴わない）を提供します。
- Targeted……様々な社会的剥奪に直面しがちな失業者を対象に雇用を提供します。
- Federally funded, locally administered……通貨発行権のある中央政府によって資金供給され、地方の自治体、NPO、協同組合などによって運営されます。
- A safety net and a transitional jobs program……就業者の能力や背景と無関係に生活所得（賃金＋給付）での労働を実現します。また、他の賃金雇用（民間、公共、非営利etc）への「踏み台」として機能します。
- Fits JG jobs to people……教育レベルや能力にマッチした雇用を提供します。
- Provides working day options……介護家族がいたり、学生であったりする人々のためのフレキシブルな就労形態を提供します。
- Jobs for all……退役軍人、非行・被虐待少年／少女、前科者、障害者などの特定層を排除しない就労プログラムを志向します。
- Invests in people……職業訓練、学習、実習機会を提供します。
- Invests in communities……満たされていない地域需要の充足を目指します。
- Invests in the public good……狭義の“収益性”にとらわれず、地域のニーズに応えるプログラムを提供します。

- Invests in the environment……環境問題への対応にフォーカスを置いたプログラムを提供します。

ジョブ・ギャランティの主なベネフィット

すでにジョブ・ギャランティの大まかなメカニズムについては、前節までである程度論じてきましたが、先ほど言及したチャーネバの論文からさらに、ジョブ・ギャランティの主なベネフィットについて改めて網羅的にまとめておきます。

- Full employment……不完全雇用を定義上撲滅し、失業に伴う人間的・社会的苦悩を大幅に減ずることができます。
- Living income……所得の「底」を引き上げ、下層の「生活所得」を確保します。
- Alternative to bad jobs……「悪い」仕事を除去し、置換します。公的部門が適切な仕事を適正な賃金で提供すれば、低賃金・低待遇で人を雇っていた雇用者も、労働者保持のためにJGPに負けない賃金・待遇を用意せざるを得なくなります。
- Establishes a "labor standard" for the economy as a whole……すべての人々が生活所得（賃金＋給付）を得られる公的雇用に就職可能なため,JGP下においては、雇用する側が必ず従わなくてはならない労働基準が確立されることになります。
- Inflation stabilization……労働者層が長期失業、不本意なパートタイム雇用、あるいは労働からの完全脱落に陥るのを防ぎ、労働力の陳腐化を抑制することで、価格及び経済成長を安定化させることができます。
- Improves income distribution……JG賃金の引き上げは、下層の所得上昇・確保につながり、低いスキルや教育水準、短い職歴、長く強い不況の影響、再雇用の見込みの乏しさといった要素に苛まれている労働者の分配を改善することができます。
- Disrupts vicious labor market cycles……所得分配の下層で生じている上述のような悪質な労働市場サイクルを打破することができます。
- Cure……労働者のみならずその配偶者・子ども達の身体的・精神的健康を改善し、子ども達の教育上の成果や労働市場展望を改善します。
- Prevention……労働条件改善を通じ、「絶望による死」（自殺など）を減らします。
- Economic, social, and environmental benefits……環境、人々、地域への投資を通じて、ホームレスの発生・増加、前科者の再犯、経済犯罪を減らし、公共財・公共サービスの利便性を高めます。

7-9 ジョブ・ギャランティ vs. ベーシック・インカム

これまでのジョブ・ギャランティの解説を踏まえ、一大トピックであるベーシック・インカムとの比較について論じます。

ベーシック・インカムに批判的なMMT

MMTはしばしば、ベーシック・インカムに対して批判的であり、ベーシック・インカムと比較したジョブ・ギャランティの優位性を常に強調しています。

この節では、特に第一世代MMT派（MMTer）の1人、ビル・ミッチェルのベーシック・インカム批判（及びジョブ・ギャランティ優位論）について取り上げます。

ビル・ミッチェルのベーシック・インカム批判

ミッチェルは第一に、ベーシック・インカムという枠組みに依存すること自体、「政府が大量失業に対して何もできないし、故に何の責任も持つ必要がない」という、新自由主義的な“神話”に対して従属することを意味すると批判しています。

失業・大量失業は政府の失策、無責任によるものであり、ベーシック・インカムは当該責任の放棄を事実上認めてしまう政策論だと彼は捉えているわけです。

第二に、ベーシック・インカムには自動的な経済調整機能がありません。

7-3で論じたように、ジョブ・ギャランティは労働力リソースの保全⇔放出を通じて自動で反循環的な経済調整が為される構造を持っていますが、ベーシック・インカムにはそうした自動調整の構造がなく、外部的調節が必要です。

第三に、ベーシック・インカムは、現在主流となっている「不平等な」経済調整システムを、結局のところ受け入れる政策論になってしまっています。

現在は、フィリップス曲線的関係（失業とインフレ率のトレードオフ）を受け入れて、金融財政政策によってトレードオフのポイントを選択するという政策体系が事実上採用されています。これは言い換えれば、失業の調節を通じて総需要・インフレ率を調節しているのと同じことです。

インフレの発生時に失業を増やすことで物価下落圧力をかけようとする現行のスキームは、あまりにも非倫理的です。ジョブ・ギャランティの提唱は、このような残酷な枠組みを打破するというニュアンスも持っています。一方でベーシック・インカムは、既存の「失業バッファー・ストック」の枠組みを結局受け入れてしまっているではないか、と批判されているわけです。

第四に、ベーシック・インカムは、仕事によって獲得できる社会的アイデンティティや自尊心、社会的ネットワークを提供できません。ベーシック・インカム提唱者は、収入以外の雇用の利点を見過ごしているとミッチェルは指摘しています。

第五に、仕事・就労が肯定的に評価され、給付金政策がしばしば否定的に評価されがちな社会的風潮を踏まえた上で、ベーシック・インカムと異なり、ジョブ・ギャランティは「価値ある仕事とは何か」、「生産性のある仕事とは何か」を改めて問い直して再評価する構造を持っている、とミッチェルは論じています。

というのは、ジョブ・ギャランティは、利益だけを指標とする狭隘な「仕事」の概念を覆し、「価値があり、生産的である」と見なされる職務の範囲を拡大するという効果を持ち、人間社会を広い意味でより“豊か”にし得るからです。

ジョブ・ギャランティ vs. ベーシック・インカム

	ジョブ・ギャランティ	ベーシック・インカム
失業と完全雇用	政府が失業に対して責任を持ち、完全雇用を保証する。	政府は失業や完全雇用保証に対して責任を持たない。
経済調整機能	雇用支出の増減と労働力資源の保全・放出の両面から反循環的に調整。	基本的には経済調整機能を持たない。
失業バッファー・ストック or 雇用バッファー・ストック	雇用バッファー・ストックを採用。完全雇用を前提とする経済調整を志向。	失業バッファー・ストックを容認。失業の増減を通じた経済調節という非倫理的なスキームに甘んじる。
雇用の副次的利点	社会的アイデンティティや自尊心、社会的ネットワークを提供。	雇用の副次的利点を軽視。
“仕事”の再定義	「価値ある仕事とは何か」「生産性のある仕事とは何か」を改めて問い直して再評価する。	営利のみを至上とする狭量な“仕事”の現行概念を追認する。

グリーン・ニューディールとジョブ・ギャランティの“距離感”

米国下院議員（執筆時点）アレクサンドリア・オカシオ＝コルテスの言説に代表されるように、グリーン・ニューディールと呼ばれる環境変動対策と経済改革の複合的政策論は、しばしばMMTと何かしら結び付けられて主張されます。

第一世代MMT派（MMTer）のビル・ミッチェルが2019年に来日した際も、グリーン・ニューディールとMMT、その中でも特に、グリーン・ニューディールとジョブ・ギャランティの連関について質問がなされ、彼はかなり詳細にこの点について論じています。

ミッチェルはまず、グリーン・ニューディールという呼び名を嫌い、「公正な移行」(Just Transition) という言い換えを好んでいます。「公正な移行」においては、ミッチェル自身が記事や動画で明快に図解しているように、金銭的・物流的サポートや、研究面・教育面への投資など、様々なアプローチが必要です。その中でジョブ・ギャランティは、(7-4でも整理したように) 産業変革における労働者層の“バッファー”となり、労働者層保護と産業変革円滑化を支え、かつマクロ経済安定を保つ枠組みという、ごく限定的な役割を担うに過ぎません。

また、7-7の議論と関連しますが、「公正な移行」アプローチにおいて必要となる公的・準公的雇用の拡張は、必ずしもジョブ・ギャランティと直結する必要はありません。それどころか、高度に専門的な雇用であれば、ジョブ・ギャランティとはまったく無関係の正規の登用となるのは至極当然なことでもあります。

ミッチェルが論じているように、「環境対策などにおいて問題なのは、政府債務残高GDP比のサイズなどでは断じてなく、実際に利用可能な実物リソースだけである」ということを明らかにするのに、MMTという視座は極めて重要です。しかし、安易な混同、たとえばジョブ・ギャランティとグリーン・ニューディール（あるいは「公正な移行」）の単純な同一視などは、厳に慎まれるべきでしょう。

第8章

MMTの開放経済（国際経済）分析

これまでのMMTの分析ツールを基礎としつつ、開放経済（国際経済）に関するMMT的観点からの分析を紹介・解説していきます。

第一に、為替制度・通貨制度（変動相場、固定相場、金本位制、ユーロのような共通通貨……）と、その違いに応じた金融財政システムの差異について、債務ヒエラルキーの議論を一部引用しつつ検討します。

第二に、国際貿易の“機能的”アプローチ（実物ベースで見る国際貿易分析）について論じます。

第三に、国際収支のストック・フロー一貫モデルベースの分析について解説します。

8-1 為替制度・通貨制度

MMTにおいて、現実の様々な為替制度・通貨制度がどのように解釈・分析されるかについて解説します。

為替制度・通貨制度の違い

前章までは、第6章「ストック・フロー一貫モデル」などの一部の章や節（特に6-8）を除き、基本的には国内経済・国内制度にフォーカスして議論してきました。

ここからは、議論を開放経済（国際経済）に拡張し、**開放経済におけるMMT的分析**について論じます。

まず、為替制度・通貨制度の整理から行います。MMTでは為替制度・通貨制度を分析するにあたり、**為替固定的**か、**為替変動的**かという軸で考察します。

たとえば、**完全な変動相場制**から、**管理変動相場制**、**クローリング・バンド制**（＊為替レートを一定の範囲に保つが、その範囲を経済状況に応じて変動させる為替制度）、**クローリング・ペッグ制**（＊為替レートを固定するが、その固定レートを経済状況に応じて変動させる為替制度）という順で為替変動的な制度から為替固定的な制度へと序列が変化し、より一層為替固定的な制度は、ある通貨ないし通貨バスケットに対する**固定バンド制**、**ペッグ制**（**固定相場制**）、**カレンシーボード制**、**共通通貨**（**通貨同盟**）、というふうに順序づけられます。

為替制度・通貨制度の差異による金融財政政策への影響

基本的に、**為替制度が為替固定的なものになっていけばいくほど、金融財政政策への制約は強まる**ことになります。

なぜなら、財政拡張は基本的に総需要追加→物価上昇圧力・輸入増加圧力を通じて、通貨安圧力を生じ得るからです。

変動相場制の場合、物価上昇圧力・輸入増加圧力→通貨安圧力が生じたとしても、為替レートの変動が起きるだけで、財政政策上の金融的制約は生じません（＊政治的にも、通貨安が一定範囲に留まるか、あるいは短期的なものに過ぎない場合は、反発は限定的でしょう)。

しかし、為替固定的な制度の場合、たとえ通貨安圧力が限定的あるいは一過性であっても、ルールを満たすために財政拡張は制約されがちになってしまうのです。

各為替制度の固定／変動軸における位置付け

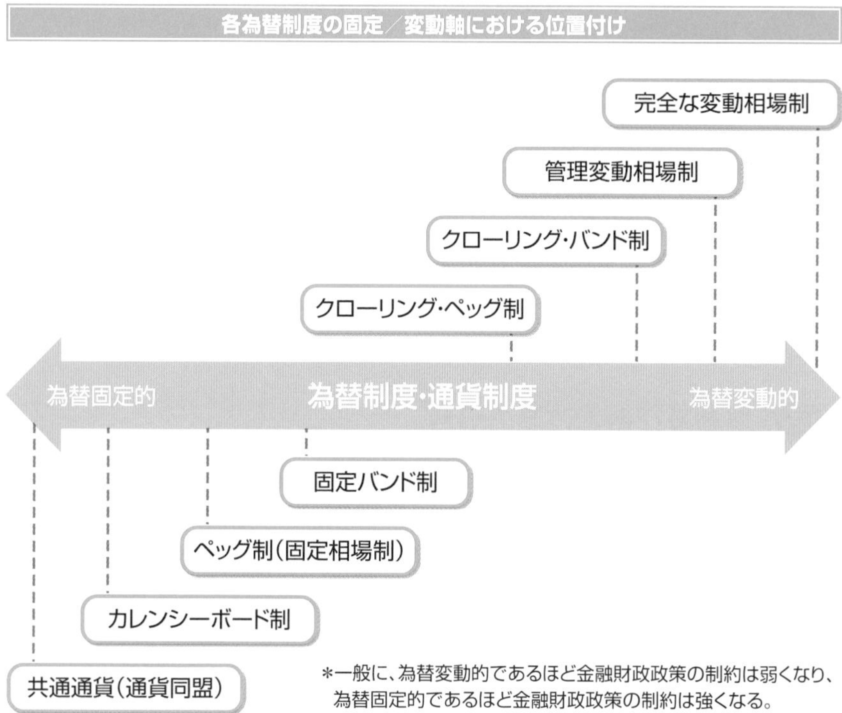

＊一般に、為替変動的であるほど金融財政政策の制約は弱くなり、為替固定的であるほど金融財政政策の制約は強くなる。

8-2 為替制度・通貨制度①
固定相場制、金本位制、カレンシーボード制

為替固定度の高い制度である固定相場制、金本位制、及びカレンシーボード制について、債務ヒエラルキー（債務ピラミッド）的に整理します。

為替固定的な制度を債務ヒエラルキーで整理する

債務ヒエラルキー（債務ピラミッド）については、第5章で詳しく解説しましたが、ここではその枠組みを利用して、固定相場制、通貨同盟、ひいては金本位制といった、為替固定的な制度を整理し、変動相場制＋自国通貨のケースとはどういう差異が生じるかについて検討することにします。

固定相場制及び金本位制の場合

変動相場制＋自国通貨の場合、債務ヒエラルキーの頂点には自国発行通貨が位置付けられることになるのですが、ある通貨（ないし通貨バスケット）に対する**ペッグ制を採用している国の場合は、ピラミッドの頂点にペッグ先の通貨が位置付けられる**ことになります。

変動相場制＋自国通貨の場合は、ヒエラルキーの頂点にあるのが、自国で自由に発行できる通貨であるため、決済上の不履行をきたすことはなく、必要な分だけ発行することが容易に可能です。

しかし、固定相場制の場合は、自国通貨が外貨と一定レートで交換可能であることを約束しなくてはなりません。当然ながら、政府は外貨を発行することはできないので、自国通貨の発行は外貨の調達力に制約されることになります。外貨調達の方法としては輸出や対外投資益の他、対内投資による調達もあり、特に後者を想定して、為替レート維持のための利上げが国内経済状況とは無関係に行われてしまうことがあります。

この構造は、金地金とのレートを固定する**金本位制**にも類似します。金本位制

の場合は、債務ヒエラルキーの頂点に、外貨ではなく、**金地金**が据えられる構造です。

カレンシーボード制の場合

また、**カレンシーボード制の場合は、固定先の外貨を、自国通貨発行分だけ保有しておかなくてはなりません。**

したがって、一定レートでの交換に応じることができればよい固定相場制よりも、はるかに厳しい財政上の制約が生じることになります。

固定相場制、金本位制における債務ヒエラルキー

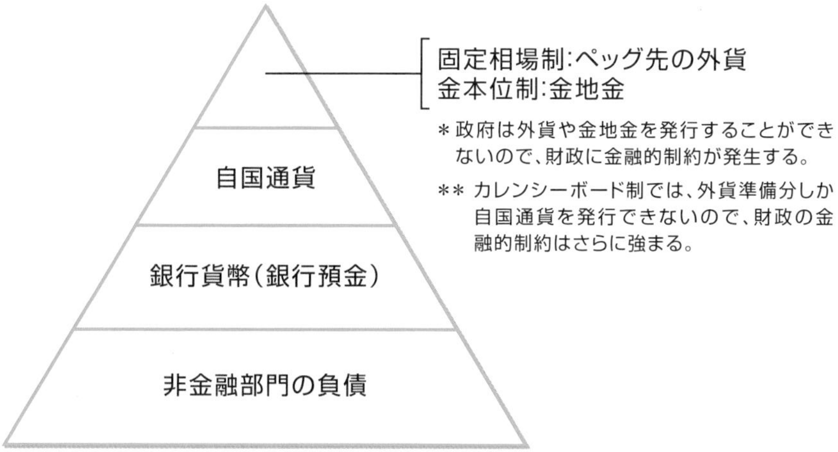

固定相場制:ペッグ先の外貨
金本位制:金地金

自国通貨

銀行貨幣(銀行預金)

非金融部門の負債

＊政府は外貨や金地金を発行することができないので、財政に金融的制約が発生する。

＊＊カレンシーボード制では、外貨準備分しか自国通貨を発行できないので、財政の金融的制約はさらに強まる。

8-3 為替制度・通貨制度②
通貨同盟(共通通貨)

続いて、通貨同盟（共通通貨）について、債務ヒエラルキー（債務ピラミッド）的枠組みで整理します。

通貨同盟（共通通貨）の場合

通貨同盟（共通通貨）の場合は、当然ながら**共通通貨（ユーロ圏であればユーロ）が債務ヒエラルキーのトップを占める**ことになります。

各国政府には、共通通貨を発行する権限はありませんし、各国政府の財政履行を通貨同盟内の中央銀行がきちんとサポートするかは極めて不透明です。

このように、通貨制度と財政制度が一定以上乖離･切断されるような枠組みでは、政府は他主体と似たような通貨のユーザーに成り下がり、金融的不安定性に苛まれることになります。

こうした制度枠組みの中では、各国政府の政策スペースは著しく制約され、それこそ恐慌・不況時であっても、政府は有効な財政政策を打つことが難しくなります。それどころか、海外資本に依存している国では、金融危機に伴って財政危機に追い込まれる可能性があり、いわゆるPIIGS諸国は、ユーロ圏においてまさにその状況に陥ったというのが実態です。

通貨同盟内部の国際格差の拡大とユーロ危機

さらに、通貨同盟国の内部では、生産力格差が為替レート変動によって調整されないため、生産力が相対的に低い国で経常収支赤字が膨張･蓄積しやすくなります。

また、同一通貨になることによって、為替差損リスクが低減し、資本移動の障壁も低下することから、経常収支赤字膨張を加速させるような海外資本流入も促進されてしまいます。

上記の構造による経常収支赤字膨張と海外資本流入の亢進が、世界金融危機による「巻き戻し」という形で、PIIGS諸国の経済財政危機を惹起したというのが、先のユーロ危機の本質的なメカニズムだったというわけです。

ユーロ圏には、こうした事態を防止・補填するような国際的な枠組みが整備されておらず、根本的に大きな欠陥を抱えた通貨制度であり、ユーロ危機は必然的に生じたと言えます（また、こうして生じた経済財政危機は、ある種ユーロ特異的なものであり、他の国や通貨制度に安易に投影するのは禁物です）。

共通通貨の債務ヒエラルキー的構造と本質的欠陥

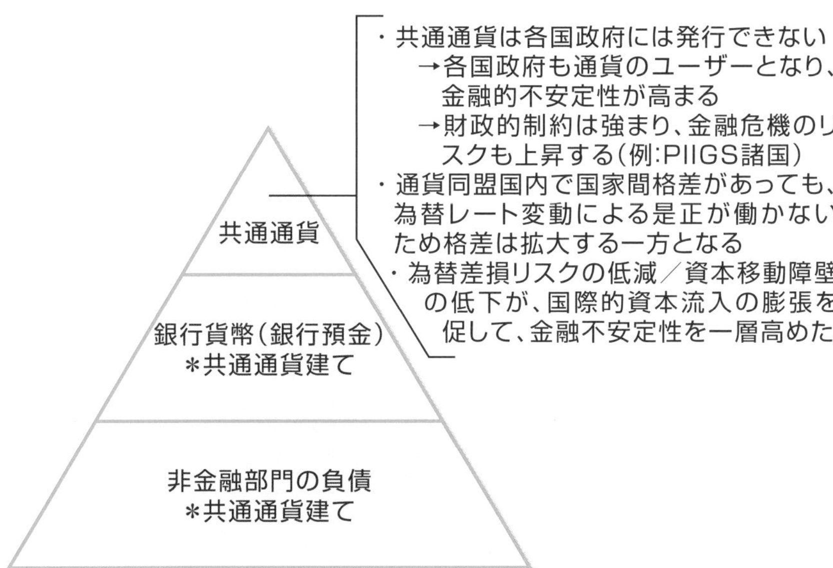

8-4 為替制度・通貨制度③ 変動相場制

変動相場制の特徴、他の為替固定的な制度との比較について論じ、なぜMMT派が相対的に好ましい制度として推奨するのか整理します。

変動相場制による政策スペースの最大化

変動相場制では、自国通貨の価値（価格）を外貨や特定の商品に紐付けたりする必要はなく、（自国通貨であれば）自由に通貨発行を行うことができます。

このため、**変動相場制＋自国通貨に基づく金融財政制度においては、財政政策における金融的制約が存在しない**ことになります。

このため、政府の政策スペースが最大化され、実物生産キャパシティ（特に労働力）の最大限利用がより容易となります（＊当たり前ですが、実物生産キャパシティを明らかに超える支出を行えば、応分のデマンドプル・インフレは生じます）。

変動相場制と固定相場制の比較

当然ながら変動相場制では、固定相場制と異なり、総需要変動が（政府支出によるものであれ、民間支出によるものであれ）発生して消費・輸入パターンや物価水準自体を変動するようであれば、その分だけ為替レート変動が生じることになります。

このため、変動相場制を経済的・物価的に不安定な制度（逆に固定相場制は安定的な制度）と考える向きもあります。

しかし、必ずしもこれは正しくありません。

第一に、固定相場制においても、経常収支の推移などから、当該固定レートが維持不可能であると予想される（たとえば、外貨準備の枯渇が予想されるなど）場合は、投機的な攻撃の餌食となり、レート切り下げが余儀なくされるケースが多いです。

そうした投機的攻撃に対するレート切り下げの場合、変動相場制よりもずっと激しいラディカルなレート変動になりがちです。

第二に、特に先進国ほど、変動相場制において生じる程度の変動幅が物価に対して与える影響は小さくなりがちで、波及にはラグもあります。

以上より、変動相場制のほうが、厚生面でも、安定面でも、比較的に好ましいのではないか、と考えられることが多いです。

ただし、特に途上国においては、為替レートの上下がコモディティー物価の乱高下を惹き起こし、庶民生活に大きい影響を与える可能性もあります。

しかしながら、そうした状況において、途上国で緊縮策を強行して固定レートを維持しようとするのが妥当な政策とは考え難いでしょう。

むしろ、国際的経済機関が、時限的に通貨を買い支えたり、コモディティーの一時的な定価提供を行う、といった方策のほうがずっと妥当なはずです。

なぜなら、途上国に固定的な為替制度を“自前”で運用させることは、すでに論じた通り、中長期的に見るとかえって金融不安定性及び経済不安定性を高めることにつながってしまうからです。

変動相場制の特徴／固定相場制との相対比較

	固定相場制	変動相場制
通貨発行／政策スペース	固定レートを維持するために制約される	通貨発行が自由で、財政に金融的制約がなく、政策スペースが最大化される
金融不安定性	投機的攻撃による暴落が起きるリスクが比較的高い	短期的なレート変動は起きやすいが、投機的な暴落は比較的起こりにくい
物価の安定度	基本的には物価変動は小さいが、暴落やレート切り下げによる変動は大きくなる	短期的な変動は起きやすいが、暴落などによる大変動は比較的起こりにくい

8-5

国際貿易の“機能的”アプローチ①
輸出は“費用”、輸入は“便益”

第3章で論じた「機能的財政論」のアプローチを、国際貿易に応用して議論します。

「機能的財政論」の国際貿易への応用

第3章では、財政政策を実質的な経済効果に基づいて評価する「機能的財政論」のアイデアを解説しました。

この節では、そうした機能的財政論の考え方を国際貿易にも応用した、国際貿易の“機能的”アプローチについて論じます。

基本的な議論構造は同じで、国際貿易を、単なる貿易赤字／黒字の水準ではなく、その実質的（実物的）効果に基づいて理解しようとするフレームワークです。

輸出は“費用”、輸入は“便益”

国際貿易を実質的な経済効果に基づいて考えるにあたり、輸出と輸入がそれぞれ「実物」的にどういう意味合いなのかを理解しておく必要があります。

実物的には、当然ながら、輸出は実物の流出であり、輸入は実物の流入です。故に、**実物的には輸出は“費用”となり、輸入は“便益”となります。**

この場合、輸入増加が生じると、それが持続可能かどうかは別問題として、少なくとも経済厚生自体は（輸入財消費を通じて）上昇するということに注意しておく必要があります。

通俗的な経済理解では、輸出がキャッシュフロー上の収益を生み、輸入がキャッシュフロー上の支出になることから、輸出が得、輸入が損という重商主義的誤解が生じてしまうことが少なくありません。しかしながら、MMTに限らず、他の経済学派においても、少なくとも貿易それ自体の実物的取引にのみ焦点を絞れば、輸入が消費価値的に見て便益を生んでいるという理解が広く共有されています。

貿易赤字の利得と問題点

上記より、貿易赤字は、財・サービスの純流入（純取得）という意味で、実物面では明らかに“得”になっています。

しかしながら、当然問題になってくるのは、当該貿易赤字が持続可能かどうかと、雇用や産業への影響はどうなのかという点です。この論点については、次節以降で整理していくことにします。

国際貿易の”機能的”アプローチ

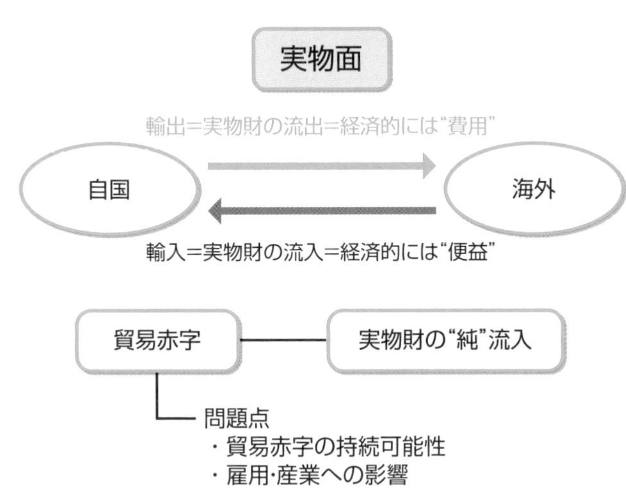

8-6

国際貿易の“機能的”アプローチ②
貿易赤字の持続可能性

貿易赤字の持続可能性について、長期的観点や国際的な貯蓄需要の観点を踏まえながら考察します。

貿易赤字の持続可能性

前節で論じた通り、貿易赤字≡輸入超過は、財・サービスの純流入を示唆し、短期的には実物的に“得”になっている状態ですが、そうした貿易赤字が持続可能でなければ、輸出追加による補填か、国際決済上の破綻のいずれかを迫られることになります。

もし貿易赤字が持続可能である＝対外赤字が継続的に蓄積していくことが可能となるとすれば、それは貿易赤字の“反対側”である海外部門が持続的な貯蓄追加を選好する場合に限ります。海外部門が持続的な貯蓄追加を（“自国”側の貿易赤字蓄積という形で）望むケースとしては、大きく分けて二通りがあります。

一つは、**自国が海外部門に対して魅力的な輸出品を中長期的に提供し続けるというケース**です。たとえば、オーストラリアのような天然資源が豊富な国であれば、海外部門がオーストラリアからの天然資源の“購入権”を“貯蓄”しておこうと考えるのは合理的です。その結果として、（海外からの）対内投資超過と貿易赤字が並行して生じ得ます。

もう一つは、**海外部門に対して広範に決済通貨を供給する立場であるケース**です。典型的なのはアメリカで、世界各国が基軸通貨であるUSドル建ての貯蓄を求める以上、アメリカはその分の経常収支赤字計上が常に求められる立場にあります。

上記2ケースではいずれも、貿易赤字国が十分な規模の赤字を計上しなければ、残りの世界各国の貯蓄需要が満たされず、むしろ全体の経済厚生が悪化しかねません。

非持続的な貿易赤字とその対策

上述のケースとは別に、一時的に外国資本による投資などを得て、非持続的な貿易赤字を計上するような国の場合についても考えておきましょう。

一般に、非持続的な貿易赤字を計上する国は途上国が多いです。

そうした途上国に対しては、IMFが（所得減→輸入減という機序を想定して）緊縮財政などを強要するケースが多いのですが、これは厚生的に望ましくないだけでなく、政治的にも非持続的でしょう。

それよりもむしろ、一時的な貿易赤字を覚悟で政府の産業投資などを拡充し、輸出産業育成や輸入代替生産を推進する基礎づくりに専念するほうが、よほど“正攻法”になるのではないでしょうか。

貿易赤字の持続可能性と必要性／非持続的な貿易赤字の対策

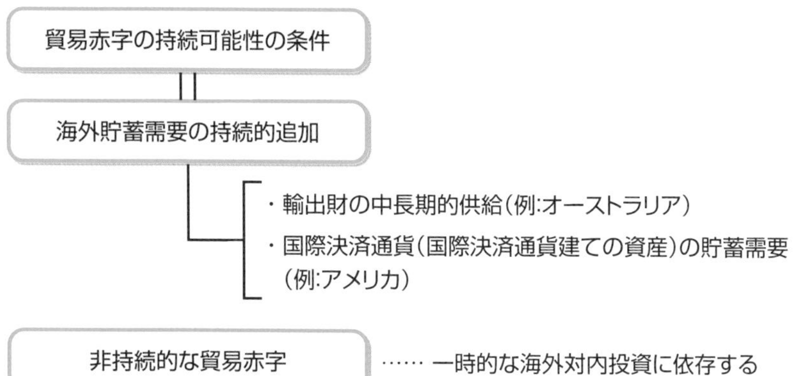

8-7

国際貿易の“機能的”アプローチ③
貿易赤字と産業・雇用

貿易赤字と産業・雇用の関係について、輸入代替の産業的・雇用的影響や、その中での政府の果たすべき役割などを踏まえて論じていきます。

貿易赤字の産業・雇用への影響

貿易赤字化、輸入依存化の“弊害”として、特定産業の衰退と失業発生が槍玉に上がることがしばしばあります。

確かに上記のような問題は、輸入品への切り替えが進行する産業部門においては、一面的には事実です。

まず、もし当該産業の自国での十分な生産性改善が見込める場合は、産業保護や保護貿易を通じて、安易な輸入依存を避けて当該産業と雇用を維持するという政策が妥当性を帯びることは十分にあり得ます。

また、仮に輸入品への切り替えを長期的に進めるとしても、時限的な産業保護や保護貿易によって一部産業へのダメージを軽減・分散するといった政策手法、あるいは、各種社会保障制度や、それこそジョブ・ギャランティのような補完的制度を拡充して、産業変革による一部労働者層への悪影響を補填し、産業変革自体を円滑化するといった政策手法が必要とされることも当然あるでしょう。

加えて、政府による完全雇用の保証がない場合は、輸出の増減は雇用の増減へと直結し得ます。確かに輸出は実物的には財の流出になりますが、不完全雇用経済では雇用創出のためのコストとして機能する可能性があり、逆に輸出の減少が雇用の減少を引き起こし得ることになります。

貿易赤字と雇用水準の切り分け

しかしながら、全体の雇用水準はそもそも通貨発行者である政府が（ジョブ・ギャランティやその他の公的雇用などを通じて）責任を持って維持すべきものです。

政府による雇用政策それ自体は、（特に変動相場制においては）貿易赤字には制約されません。このため、**貿易赤字を全体の不完全雇用の“言い訳”とするのは明らかに不当であり、政府の責任放棄でしかありません。**輸出を増やすことで雇用を創出しようとする方策も実物財流出の観点も鑑みると、不要かつ不適切でしょう。

　また、仮に国民所得増加が輸入増加や貿易赤字拡大を続発して問題になる場合（通貨安進行など）でも、8-6でも述べたように、政府が輸出産業育成や輸入代替生産を促進する政策を主体的に進める（その中で雇用政策を“利用”する）というような施策のほうがより妥当なものとなるでしょう。

貿易赤字と産業・雇用の関係と切り分け

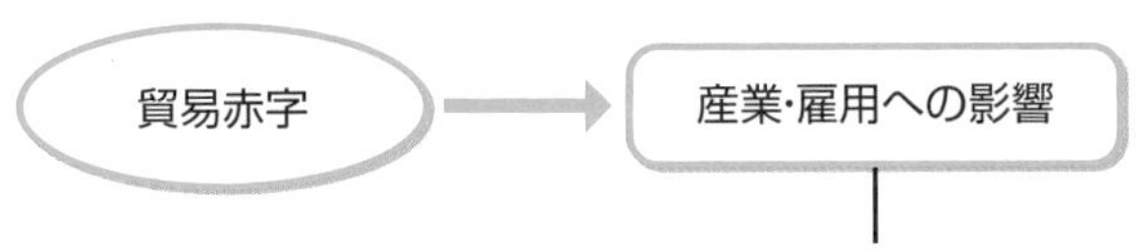

特定産業の衰退と失業発生（輸入増加or輸出減少による失業）

→自国での十分な生産性改善が見込める場合:
　産業保護や保護貿易で当該産業と雇用を維持

→悪影響の補填や緩和、産業変革の円滑化を目指す場合:
　時限的な産業保護･保護貿易

※貿易赤字と雇用･失業を切り分ける

- 特定産業での失業発生と、全体の雇用水準の問題は区別するべき
- 政府による完全雇用実現の責務は、貿易赤字を“言い訳”に放棄することはできない（＊変動相場制であれば、貿易赤字による政策スペース制約もない）
- 雇用追加のための輸出追加という方策も、不要かつ不適切
- 国民所得確保がさらなる輸入増→貿易赤字膨張を起こして問題になる場合も、“正攻法”は政府投資による輸出産業育成･輸入代替生産促進である

8-8 ストック・フロー一貫モデルに基づく国際収支分析

第6章で論じたストック・フロー一貫モデルのロジックを用いて国際収支の構造を分析し、それに基づいて財政ルールのあり方を論じます。

民間国内収支・財政収支・対外収支のバランス

ストック・フロー一貫モデルについては、第6章にて包括的に論じました。当該モデルのアイデアは、国際収支を分析し、経済政策策定に応用するにあたって、非常に重要になります。

末尾に示しているグラフをご覧ください。このグラフでは、縦軸が財政収支、横軸が対外収支（*経常収支と同じもの）を示しています。財政収支＋民間国内収支＝対外収支というシンプルなフローの一貫性から、グラフの左上の緑色の部分が民間国内赤字の領域、右下の灰色部分が民間国内黒字の領域となります。

たとえば、財政収支＝対外収支なら、民間国内収支は必然的に0になります。

また、対外収支が赤字であるにも関わらず、財政収支が均衡（0）を目指すなら、民間国内収支は必然的に、対外収支赤字と同じ分だけ赤字に傾くことになります。

3部門の収支バランスに基づく政策選択

民間国内部門は、通貨発行者である政府とは異なり、持続的赤字による純負債の蓄積によってデフォルトの発生リスクが高まっていくため、持続的に収支赤字を計上し続けることができません。

したがって、末尾グラフで言うと、**民間国内収支>0である右下の灰色部分だけが、国家全体で選択可能な「持続可能な」収支の組み合わせになります。**

グラフが示す通り、対外収支赤字が膨張するほど、民間国内収支>0になるために必要な財政収支赤字は大きくなります。つまり、極めて反直観的と思われるかもしれませんが、対外収支赤字に陥っている国ほど、（民間部門の純負債が蓄積しないようにするために）より大きな財政赤字が必要になっていくのです。

対外収支黒字であれば、財政収支を黒字側へ寄せることが多少は可能な場合もありますが、民間国内部門がより大きい純貯蓄を需要する場合は、やはり財政赤字の拡大が必要になります。

また、世界各国で経常収支の総和はゼロになるため、すべての国が対外収支を黒字化させて財政の「健全化」を志向することは原理的に不可能です。したがって、財政健全化を広範に強制するような国際的取り決め（例：マーストリヒト条約）は、各国の経済を永続的な不況に陥らせる危険性が高くなります。

民間国内収支・財政収支・対外収支のグラフ

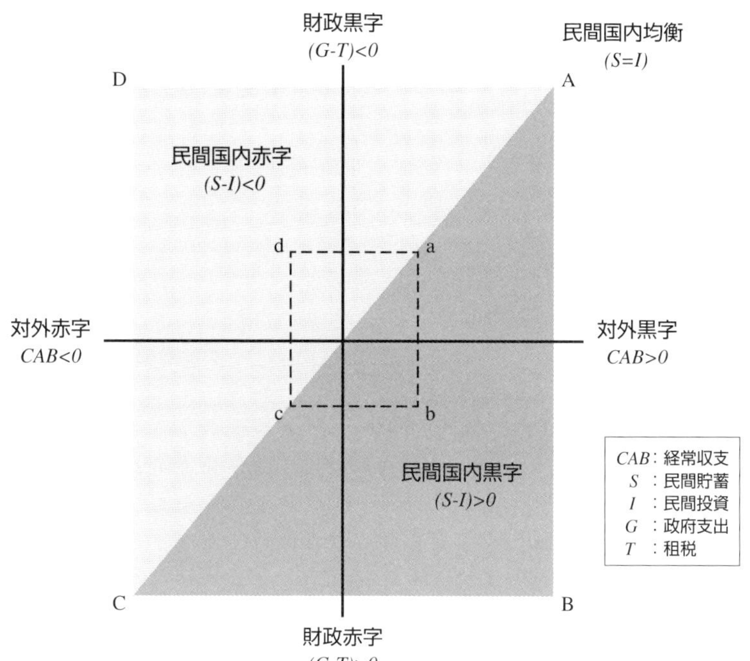

＊対外赤字が大きくなるほど、民間国内収支>0を維持するために必要な財政赤字が大きくなる。

Mitchell, William, 2018, "MMT and the external sector - redux",
Bill Mitchell - Modern Monetary Theory,
http://bilbo.economicoutlook.net/blog/?p=40433
より引用

実際の通貨危機・財政危機に関するMMT的考察

本章で論じたMMT的な開放経済（国際経済）分析に則ることで、実際に歴史上で生じた通貨危機・財政危機について、正確な理解が得られるようになります。

たとえば、2001年のアルゼンチン通貨・財政危機とトルコ通貨危機は、アルゼンチンの場合は固定相場制、トルコの場合はクローリング・ペッグ制が破綻をきたすことで生じました。いずれも問題となったのは、本章（特に8-4）で整理したような為替固定的な通貨制度の不安定性であって、よく槍玉に上がりがちな「放漫で無責任な財政」や「遅れた経済システム」などは、本質的な問題ではなかったのです。

上記に似た危機のケースとしてロシア財政危機がありますが、ロシアの場合は少々風変わりです。ロシアもアルゼンチンやトルコと同様、（分不相応な）為替レートを志向し、最終的に破綻をきたしたケースなのですが、ロシアでは外貨建て債務のみならず、自国通貨建て債務であるルーブル建て国債も併せてデフォルトしています。

本来は不履行リスクのないルーブル建て国債もなぜデフォルトしたかというと、非居住投資家によって、固定レートの為替予約が掛けられていたからです。実際、デフォルト後の契約更改で、ルーブルの返済は「制限された」ルーブル口座への預け入れを強制されることになりました。要するに、ルーブルの調達不良によるものではなく（それは自国通貨発行権のある国では原理的にあり得ない）、外貨準備及び為替レートの“防衛”のための措置だったわけです。

アジア通貨危機においても、通貨暴落を経験した国々（タイ、マレーシア、韓国、インドネシア……）の背景として、民間対外債務の膨張と硬直的な為替レート政策がありました。特に、金融市場整備・金融自由化による海外資本流入の膨張が、その後の通貨危機・財政危機の危険性を高めます。アジア通貨危機によってデフォルト寸前に陥った韓国も、通貨危機時の政府債務残高GDP比はわずかに10%強で、財政危機の原因も（放漫財政などでは断じてなく）為替レート防衛と外貨準備枯渇によるものだったということを押さえておく必要があります。

ギリシャやアイルランドといった、ユーロ圏内のいわゆるPIIGS諸国についても、本章及び第6章で解説したように、通貨制度と各国財政制度の分離と、ユーロ圏内の国際格差の是正メカニズムの不在が、必然的帰結としてユーロ危機を惹き起こすことになりました。

（なお、ジンバブエ、ベネズエラといった国々のハイパーインフレのケースについては、4-8「MCTに基づいたハイパーインフレーションの考察」で整理・解説しています）

第9章 MMTによって防ぐことができる様々な誤り

これまでMMTの分析枠組みを網羅的に解説してきました。

こうしたMMTの論理に基づいて、世間一般に流布する様々な経済観・経済論について検討し、そこにある誤謬の指摘とその修正を図ります。

9-1 MMTのレンズによる矯正

MMTという正しい"レンズ"を通じて経済を見ることで、通俗経済論が陥りがちな誤りを避けることができます。

"レンズ"としてのMMT

ビル・ミッチェルを典型として、MMT派の経済学者は、MMTを"レンズ"と呼称するのを好みます。

第1章でも述べましたが、MMTはあくまで現実の経済（マクロ経済）を記述的及び理論的に描出するだけです。MMT的に経済を理解したとしても、まったく異なる政策が選択されることは当然あり得ます。

この意味で、**MMTは、これまで誤った像を結んでいた既存の歪んだレンズを除去し、経済をより正確に診断できる正しい"レンズ"を提供するに過ぎない**、とMMT派経済学者は常に強調しているわけです。

正しい"レンズ"による修正

本章では、こうしたMMTの性質に則り、MMT的経済理解を元にして、世間一般に広まっている通俗的な経済観・経済論の誤りを明らかにし、修正することを試みることとします。

本章で取り扱う【誤り】には、「財政赤字は維持不可能であり、財政黒字を目指すべき」というような、いわゆる"緊縮派"的な経済論の誤りも含まれますが、どちらかというとむしろ、いわゆる"反緊縮派"に属するような人々の経済論……たとえば、「量的緩和によって経済を刺激できる」、「財政支出によって経済刺激すれば、むしろ財政再建につながるので財政出動するべきだ」、「政府資産も合わせた"政府純債務"では日本は健全だから財政は大丈夫」といった主張の誤りについて多く検討しています。

MMTがおおむね"反緊縮派"に属する人々の手で紹介されがちであるという実

情を鑑み、MMTと“反緊縮派”の一部の主張の相違点を強調して、世間での弁別を促すことが極めて意義深いと考えるからです。

MMTという正しいレンズによる修正

MMTは“レンズ”

- あくまで現実の経済を記述的及び理論的に描出するだけ
- MMT的に経済を理解したとしても、まったく異なる政策が選択され得る

→ 既存の歪んだレンズを除去し、経済をより正確に診断できる

↓

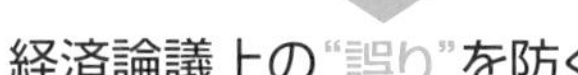

誤りの例

『財政赤字は維持不可能であり、財政黒字を目指すべき』
『量的緩和によって経済を刺激できる』
『財政支出によって経済刺激すれば、むしろ財政再建につながるので財政出動するべきだ』
『政府資産も合わせた“政府純債務”では日本は健全だから財政は大丈夫』
etc……

9-2 誤り①「財政赤字は維持不可能であり、財政黒字を目指すべき」

経済学者の多くを含め、世間一般に広く信じられている上記見解の誤りをMMT的に論じます。

家計感覚に基づく財政赤字悪玉論

経済学者を含む多くの人々は、ある意味で家計と同じ感覚で、ただ何となく財政黒字を“よいもの”、財政赤字を“悪いもの”と捉えているのではないでしょうか。

しかし、第3章「機能的財政論」で強調したように、財政は赤字か黒字か、累積債務のサイズはどうか、といった単体の財政指標ではなく、その経済的効果にのみフォーカスを絞って評価されなくてはなりません。

経済的効果のみで財政を考える

機能的財政論に基づけば、財政が単に赤字か黒字かというのは、ただそれだけでは何の評価基準にもなりません。

経済が不況であれば、現時点の財政赤字がどれだけ多くとも、さらに政府支出を追加しなくてはならないというのが基本でしょう。逆に、経済が強いデマンドプル・インフレに悩まされているようであれば、仮に財政が黒字だったとしても、それでよしとはならず、財政的な総需要抑制が必要になり得ます。

また、経済が不完全雇用に陥っている中で完全雇用の実現を求めるなら、どれだけ累積財政赤字が積み上がっていても、政府支出による雇用創出が必要になるでしょう。

財政黒字の“危険性”

また、第6章「ストック・フロー一貫モデル」で論じたように、財政黒字はむしろ経済の“危険信号”として表出してきます。

というのは、財政黒字には、民間部門ないし海外部門の赤字が必然的に伴うからです。その背景には、民間部門ないし海外部門における借入過剰とバブルが並行しているのが常であり、民間信用膨張の非持続性から、必然的にバブル崩壊＆不況へと帰結します。

財政赤字にしたからといって、民間や海外のバブルが起こらないわけではありませんが、バブルのない経済を求めるならば、基本的に財政赤字を受け入れなくてはなりません。財政赤字を拒否しようとする財政指針は、事実上、民間ないし海外のバブルを“必要”としてしまうからです。

誤り①

誤り①
財政赤字は維持不可能であり、財政黒字を目指すべき

【「機能的財政論」に基づく批判】

- 単に財政が赤字か黒字かに意味はなく、効果のみにフォーカスすべき。
- どれだけ赤字が大きくても、経済が不況や大量失業に悩まされているなら、政府支出拡大が必要。
- デマンドプル・インフレが亢進しているなら、財政が黒字であっても財政的補正が必要になり得る。

【「ストック・フロー一貫モデル」に基づく批判】

- 財政黒字には、民間部門or海外部門の赤字が必然的に伴う。
- その背景には、民間部門or海外部門の借入過剰・バブルが並行。
- 民間信用膨張の非持続性から、必然的にバブル崩壊＆不況へと帰結。
- バブルのない経済を求めるならば、基本的に財政赤字を受け入れなくてはならない。

9-3 誤り②「量的緩和によって経済を刺激できる」

2000年代から2010年代初頭にかけて、経済論壇を風靡した量的緩和論について、MMT的観点から批判します。

量的緩和批判の急先鋒としてのMMT

昨今の経済論壇では、MMTはいわゆるリフレ派（金融政策主導での不況脱却を論じた人々）との近似性が強調されることが多いですが、こと金融政策の評価については極めて大きな断絶があります。

たとえば、MMTの【創始者】の1人であるビル・ミッチェルは、2009年の時点で「準備預金の積み上げは信用を拡張しない」、「準備預金の積み上げはインフレ促進的ではない」という記事を執筆していましたし、同じく【創始者】のランダル・レイも、2010年にスコット・フルワイラーと共に量的緩和や非伝統的金融政策全般を徹底的に批判する論文を書いています。

MMTにおける量的緩和無効論

MMTが量的緩和を無効と批判するロジックの基礎は、第2章「租税貨幣論」と第4章「信用貨幣論・内生的貨幣供給理論」にまとまっています。

第2章で論じたように、国債発行とそのオペレーションは、統合政府負債（通貨＋国債）の組成を変化させるだけで、統合政府負債の水準を変化させることはありません。銀行間市場における流動性の需給に応じて準備預金を調節することで、銀行間市場金利を安定させるために行われるのであり、銀行の資金力を強化するためのものではないのです。実際、量的緩和が行われても、ベースマネーが増えた分と同額の銀行保有国債が減少するのですから、銀行の総資産は増加せず、したがって**量的緩和それ自体が銀行の投融資を促すということは基本的にあり得ません**（加えて、第3章末尾のコラムでは、量的緩和政策のみならず、金利政策に対してもMMT派は懐疑的であるという旨をまとめています）。

また、第4章で論じたように、銀行の信用創造は基本的に手元の流動性とは無関係に（銀行預金の無からの記帳という形で）行われますし、また手元の準備預金残高や法定準備率は銀行の投融資の制約にはなりません（銀行の投融資を制約するのは、借り手の信用条件と、銀行の自己資本、金融規制など）。したがって、MMTベース（というより金融実務ベース）で考えると、**量的緩和による準備預金の積み上げそれ自体が銀行の投融資に対して刺激的に働くということはない**のです。

誤り②

誤り②
量的緩和によって経済を刺激できる

【金融政策・中央銀行システムの実態に基づく批判】

- **国債オペは、統合政府負債**（通貨＋国債）**の組成を変化させるだけで、統合政府負債の水準を変化させない。**
- **量的緩和が行われても、ベースマネーが増えた分と同額の銀行保有国債が減少するので、銀行の総資産は増加しない。**
- **したがって、量的緩和それ自体は銀行の投融資を促進しない。**
※MMT派は金利政策の有効性についても懐疑的

【内生的貨幣供給理論に基づく批判】

- **銀行の信用創造は手元の流動性とは無関係に**（銀行預金の無からの記帳という形で）**行われる。**
- **手元の準備預金残高や法定準備率は銀行の投融資の制約にはならない。**
（投融資を制約するのは、借り手の信用条件、自己資本、金融規制など）
- **金融実務ベースでは量的緩和による準備預金の積み上げそれ自体が銀行の投融資に対して刺激的に働くということはない。**

9-4 誤り③「中央銀行が将来のマネーサプライの拡大を約束すれば、インフレを起こせる」

中央銀行によるマネーサプライのコミットメントに基づく、いわゆるインフレ目標政策に対するMMT的な観点での批判を整理します。

いわゆるリフレ派の政策論を振り返る

いわゆる「リフレ派」は、「中央銀行がベースマネーを増やすことで、マネーサプライを増加させることができるため、将来のインフレを約束することができる」という理路で、中央銀行主導のインフレ目標政策による不況脱却を主張していました。

インフレ目標政策がなぜ不況脱却に有効と主張されるのかという理論的な話（現代版流動性の罠理論や長期停滞理論）は複雑なので置いておいて、実際に中央銀行によるインフレのコミットメントが“可能”なのか？　に焦点を絞って議論します。

内生的貨幣供給理論の観点からの批判

第4章「信用貨幣論・内生的貨幣供給理論」で論じたように（また、9-2でまとめたように）、銀行の信用創造は銀行の手元の準備預金とは無関係に行われ、準備預金は現金引出需要や銀行間決済需要に応じて適宜随時で調達されるものであり、銀行融資の制約として機能するのは（準備預金の水準ではなく）借入者の信用度、銀行の自己資本の水準、金融規制などであるというのが金融業務の実態です。したがって、**中央銀行によるベースマネー調節が演繹的にマネーサプライ水準と総需要を変動させるとするマネタリスト的な発想は、実態的には完全な誤り**です。

現実はまったく逆で、民間の支出需要に応じて借入が行われ、マネーサプライ水準が定まり、その後に現金引出や銀行間決済、法定準備の後積みや納税といったベースマネー需要が事後的に発生してきて、これらに応じて中央銀行が随時受動的に金融調節を行う、というのが実際に行われているプロセスなのです。このため、「中央銀行が将来のマネーサプライ水準をコミットメントすることでインフレ期待を起こす」などという発想は、実務とは真逆の完全に転倒した代物と言えます。

金利政策懐疑論の観点からの批判

これに対し、リフレ派の1人である野口旭氏などは、金利政策が有効ならば金利政策を通じて間接的に信用創造の水準を操作可能であるはずだとするヴィクセリアン的見解を提示しました。しかしながら、第3章の末尾のコラムでまとめたように、MMT派は一般に金利政策の効果を不確実かつ不安定と考えており、中央銀行が将来の総需要と貨幣量を一意に決定することはほぼ不可能と見なしています。

誤り③

誤り③
中央銀行が将来のマネーサプライの拡大を約束すれば、インフレを起こせる

【内生的貨幣供給理論に基づく批判】

- 銀行の信用創造は銀行の手元の準備預金とは無関係に行われる。
- 準備預金は現金引出需要や銀行間決済需要に応じて随時調達される。
- 投融資を制約するのは借り手の信用条件、銀行の自己資本、金融規制など。
- したがって、中央銀行がベースマネー調節によってマネーサプライ水準と総需要を変動させるとするマネタリスト的な発想は完全な誤り。
- 中央銀行が将来のマネーサプライ水準をコミットメントしてインフレ期待を起こす」などという発想は、実務とは真逆の完全に転倒した代物。

【金利政策懐疑論に基づく批判】

- MMT派は一般に金利政策の効果を不確実かつ不安定と考えている。
- 中央銀行が将来の総需要と貨幣量を一意に決定するのはほぼ不可能。

9-5 誤り④「財政出動はクラウディングアウト効果、マンデル=フレミング効果により無効である」

財政出動に対する一般的な批判であるクラウディングアウト効果とマンデル=フレミング効果について、MMT的な視座から批判します。

クラウディングアウト効果とマンデル=フレミング効果とは

クラウディングアウト効果と**マンデル=フレミング効果**は、いずれもケインジアンの概念です。詳しい説明は割愛しますが、要するに、貸付資金説に基づいて財政拡大が金利上昇→民間投資抑制を招いて総需要増大を妨げるとするのがクラウディングアウト効果、金利上昇→通貨高→輸出減少によって財政出動による総需要増大がキャンセルされるとするのがマンデル=フレミング効果とご理解ください[より詳細には、ケインジアンのIS-LM並びにIS-LM-BP（いわゆるマンデル=フレミング・モデル）を理解しておく必要があります]。

金融政策実務の観点からの批判

しかしながら、第2章「租税貨幣論」で整理したように、中央銀行は銀行間市場金利がある水準（いわゆる政策金利）に収まるよう、準備預金需要に応じた金融調節を適宜行っています。これは当然、財政的需要においても例外ではなく、同章のコラムでもまとめたように、財政支出に際しては、事前及び事後に中央銀行が必要な分だけの金融調節を行い、銀行間市場金利が変動しないようにオペレーションされているのです。したがって、財政支出それ自体が利子率上昇をもたらすとするクラウディングアウト効果及びマンデル=フレミング効果の前提それ自体が、金融政策実務と完全に乖離してしまっているというわけです。

一応留保しておくと、たとえば中央銀行が「名目GDPの増加に応じて利上げしていく」という金融政策ルールを採用しており、また金利政策が総需要に対して十分に有効であると仮定するならば、財政出動が中央銀行による利上げを誘発して、クラウディングアウト効果やマンデル=フレミング効果を惹起し得るということは考え得ますが、第一にこれは財政政策の問題ではなく金融政策ルールの問題ですし（たとえば、ある名目GDPまでは利上げしないというルールなら、財政出動に対する対抗的な利上げは生じない）、第二に9-3で論じたように金利政策が総需要に対して確実かつ安定的な効果を持つかどうかは極めて疑問であるという別の問題もあります（たとえば、利下げがいわゆるリバーサルレート的なメカニズムを通じて総需要を圧縮してしまう場合は、利下げしたにも関わらず、総需要減少→通貨高進行といった事態も起こり得ます）。

誤り④

誤り④
財政出動はクラウディングアウト効果、マンデル=フレミング効果により無効である

【金融政策実務に基づく批判】

- 中央銀行は準備預金需要に応じた金融調節を行う。
- 財政支出に際しては、事前及び事後に中央銀行が必要な分だけの金融調節を行い、銀行間市場金利が変動しないようにオペレーションする。
- 財政支出それ自体が利子率上昇をもたらすとするクラウディングアウト効果及びマンデル=フレミング効果の前提それ自体が、金融政策実務と完全に乖離してしまっている。

【留保】

- 中央銀行が財政出動による総需要増加に対して対抗的に利上げする場合は、クラウディングアウトやMF効果に似た効果は生じ得る。
- ただし、それは金融政策ルールの問題。拙速な利上げをしないルールなら、やはり当該効果は生じない。
- 金利政策が確実かつ安定的な総需要効果を持つかどうか疑問という別の問題もある。

9-6 誤り⑤「財政支出によって経済刺激すれば、むしろ財政再建につながるので財政出動するべきだ」

「財政出動による財政再建」という、よくある財政出動論のレトリックについて、MMT的観点から批判を加えます。

寛容に見えて自滅的

「財政出動しても、それによって経済が回復して、最終的に財政指標（たとえば債務残高GDP比）が改善するのだから、財政出動すべきだ」というロジックは、一見説得的で、財政出動を強く後押しするかのようなものに見えます。

しかしこれはそもそも、財政指標の改善という意味での財政再建を“目的”として認めている時点で、すでにオウンゴールじみた自滅の論説となっているのです。

第3章「機能的財政論」で強調したように、財政状況の如何は、その経済的効果のみにフォーカスして評価されるべきであり、その際、あらゆる財政指標（財政赤字、累積政府債務やそのGDP比）は一切関係がありません。それどころか、一般に、政府債務残高GDP比は財政危機や通貨危機が生ずるか否かを予測する指標にはまったくならないというのが歴史的事実です。

そもそも、なぜ財政指標の悪化に関わらず財政不履行が生じないのか？　というのは、第2章「租税貨幣論」で論じたように、政府が（中央銀行と協同する）通貨発行者であるからであって、“財政出動による財政再建”とは金輪際無関係なのです。

このように、少なくともMMT的視座から見れば、**財政出動の根拠として“財政出動による財政再建”を論ずるのは極めてナンセンス**と言えます。それどころか、政府債務残高GDP比の改善を“免罪符”にするような財政論は、むしろ政府債務残高GDP比の拡大が求められるような重度の不況に陥った際に、財政拡大の足を引っ張ってしまう可能性があり、かえって危険ですらあります（また、第6章などで論じたように、均衡財政や財政黒字を目指そうとする政策志向は、不安定な民間赤字を惹起して経済の不安定性を増幅させてしまうという点も見逃せません）。

単に非発散的であることを論じるなら可

ただし、ランダル・レイが自著『MMT現代貨幣理論入門』で論じているように、単にある条件下において、政府債務残高GDP比が非発散である（無限大へと向かわない）ということを示すことには意義があります。しかしながら、それは債務残高GDP比の改善を目的とするのではなく、あくまで非発散であることを示すだけなのであって、"財政出動による財政再建"という"錯誤"からはほど遠いものです。

誤り⑤

誤り⑤
財政支出によって経済刺激すれば、むしろ財政再建に繋がるので財政出動するべきだ

【機能的財政論に基づく批判】

- 財政状況はその経済的効果のみで評価されるべき。
- 財政指標（財政赤字・累積政府債務、及びそのGDP比）とは無関係。
- 政府債務残高GDP比は財政危機を予測する指標にはまったくならない。
- 財政不履行が生じないのは政府の通貨発行能力によるもの。
  → "財政出動による財政再建"とは無関係
  ∴ 財政出動の根拠として"財政出動による財政再建"を論ずるのは無意味。
- 政府債務残高GDP比の改善を"免罪符"にするような財政論は、政府債務残高GDP比の拡大が求められるような重度の不況において財政拡大の足を引っ張ってしまう可能性があり、かえって危険。

【留保】

- 単に政府債務残高GDP 比が非発散的であることを論じるなら可。
- ただし、債務残高GDP比の改善を"目的"とするのではない。

9-7 誤り⑥ 「政府の資産も合わせた“政府純債務”では日本は健全だから財政は大丈夫」

俗流の統合政府バランスシート論による「日本財政は実は健全」論について、MMT的観点から批判します。

俗流バランスシート論の二つの誤り

政府をバランスシートで捉え、総債務ではなく純債務を見るべきとするタイトルのような経済論では、「中央銀行は政府の実質的な子会社だ」という論理で中央銀行を合算し、統合政府のバランスシートと銘打って議論が展開されることが多いです。

また、量的緩和などによって国債の多くが準備預金へと“置換”されていることに関し、「準備預金は利払いも返済義務もなく、実質的に負債ではないから、中央銀行による国債買い入れは政府負債の減少と同じことだ」と主張する行為が横行しています。

こうした俗流の統合政府バランスシート論には二つの誤りがあります。一つは、**「通貨は実質的に負債ではない」と誤解している誤り**、もう一つは、**バランスシートで見て政府純債務が少ないことを「好ましい」と見なすことそれ自体の誤り**です。

「通貨は実質的に負債ではない」という誤解

政府と中央銀行を連結して統合政府で考えるということ自体はMMTでも同じですが、それは中央銀行の発行する通貨が、政府への納税手段という形で流通性を得ている（表券主義、租税貨幣論）という理路からであって、意味合いが異なります。

第2章「租税貨幣論」で論じたように、政府の発行する通貨は、「政府に対する支払手段として使える≡政府の請求権を相殺できる」という意味で、政府にとっての負債（民間にとっての債権）です。国債は将来の通貨との交換を約束されたものに過ぎず、通貨こそ政府への支払手段（納税手段）として償還されるものです。「通貨は実質的には負債ではないから、中央銀行の国債購入によって政府負債は軽減する」という考えは、通貨への無理解に基づいています（＊ただし、利払いによるインフレ圧力が弱まるというただ一点においては、あながち間違いではありません）。

政府純債務が少ないことを好ましいとする錯誤

また、9-5の議論と重複しますが、第2章と第3章「機能的財政論」で論じたように、政府に財政不履行リスクがないのは政府が通貨発行者側であるからであって、その債務のサイズ自体は（総債務であれ純債務であれ）意味がありません。

また、政府の資産と純債務にフォーカスする考え方は、政府資産売却や民営化といった、必ずしも国民のためになるとは限らない政策を促しかねない危険性があります。

誤り⑥

誤り⑥
政府の資産も合わせた“政府純債務”では日本は健全だから財政は大丈夫

【租税貨幣論に基づく批判】
- 通貨は“政府への支払手段”という意味で、統合政府負債に他ならない。
- 国債は将来の通貨の交換を約束するだけで、徴税によって“償還”されるのは通貨のほう。
- 「通貨は実質的には負債ではないから、中央銀行の国債購入で政府負債は軽減する」という考えは、通貨への無理解に基づいている。

【機能的財政論に基づく批判】
- 政府に財政不履行リスクがないのは政府が通貨発行者側であるからであって、その債務のサイズ自体は（総債務であれ純債務であれ）無意味。
- 政府の資産と純債務にフォーカスする考え方は、政府資産売却や民営化といった、必ずしも国民のためになるとは限らない政策を促しかねない。

9-8 誤り⑦「日本が財政破綻しないのは民間貯蓄超過、経常収支黒字のおかげである」

ISバランス論に基づく上記の「民間貯蓄超過、経常収支黒字のおかげ」説について、MMT的な観点から批判します。

ISバランス論とは

上記経済論の誤りの指摘に先立ち、まずISバランス論とは何かについて解説します。

ISバランス論は、大雑把に言えば、**所得＝消費＋投資＋財政赤字＋経常収支**、**貯蓄＝所得－消費**より、**貯蓄－投資＝財政赤字＋経常収支**という関係を導き、**貯蓄－投資**を「**貯蓄超過**」として、**貯蓄超過＝財政赤字＋経常収支**、つまり、**経常収支＝貯蓄超過－財政赤字**、という関係を導出して、その上で、経常収支の水準から、国内の貯蓄超過と財政赤字のバランスを推論しようとする分析枠組みです。ISバランス論で言えば、経常収支が黒字なら貯蓄超過＞財政赤字なので「安全」だが、経常収支が赤字なら貯蓄超過＜財政赤字なので「危険」だ、ということになります。

ISバランス論の様々なナンセンス

このISバランス論に基づく財政論は、多岐にわたるナンセンスを抱えています。

まず、第2章「租税貨幣論」で論じたように、政府支出は通貨発行という形で為され、その一部が民間部門に残存することで、民間は（純）貯蓄が可能になります。

つまり、民間貯蓄超過の形成は、財政赤字の「結果」に過ぎず、したがって、「民間貯蓄超過よりも財政赤字のほうが大きくなって財政破綻」などということは一切起こり得ないわけです。

似たようなナンセンスとして、「国内金融資産＜政府債務になれば財政破綻」という財政学の議論もありますが、政府債務の増加分だけ国内金融資産が増加するため、まるで無意味な言明となっています。

また、第8章「MMTの開放経済（国際経済）分析」で整理したように、経常収支赤字も、海外の持続的な貯蓄需要が強いケース（自国の輸出品が継続的に魅力的と評価されるケースや、自国がハードカレンシー国であるケースなど）では、決して非持続的なものではありません。

加えて、同じく第8章で整理したように、経常収支赤字国において民間収支の赤字を食い止めようとすると、むしろ十分な財政赤字の計上が必要になります（変動相場制を採用していれば、固定為替レート防衛→外貨準備枯渇による対外デフォルトというような財政破綻プロセスに陥ることもありません）。

誤り⑦

誤り⑦
日本が財政破綻しないのは民間貯蓄超過、経常収支黒字のおかげである

【租税貨幣論に基づく批判】
- 政府支出によって通貨が発行され、民間の貯蓄が増加する。
- 民間貯蓄超過は単に、財政赤字の結果に過ぎない。
  ∴「民間貯蓄超過よりも財政赤字のほうが大きくなり財政破綻」などということは一切起こり得ない。
- 「国内金融資産＜政府債務となれば財政破綻」という説も同様に誤り。

【MMT の開放経済分析に基づく批判】
- 経常収支赤字が持続的に可能なケースもある。
- 経常収支赤字の中で民間収支の黒字を保つなら、むしろ十分な財政赤字が必要になる。

経済論議における誤謬のパターン

この章では、多岐にわたる主張についての論難を行ったため、論点が込み入ってわかりづらいと感じられている読者も多くいらっしゃると思います。

しかし、誤謬のパターンは、基礎的な部分に限れば、概ね2通りだけです。

一つは、通貨・財政システムの無理解に基づくパターンです。

改めてまとめますが、自国通貨発行権のある政府においては、政府支出は通貨発行、徴税は通貨破壊として機能するのであり、単に財政赤字が大きいこと、政府純債務（累積財政赤字）が大きいことそれ自体は、財政危機を引き起こすことはありません。問題は常に、過大な財政赤字による応分のインフレだけです。

「財政赤字は維持不可能なので財政黒字を目指せ」という主張は完全に論外として、「財政出動による財政再建」、「政府の資産も合算すれば財政は健全」、「経常収支黒字だから財政は大丈夫」といった当を失した主張も、根本的な通貨・財政理解の欠陥によるものか、あるいは政治的方便に過ぎません。

また、「財政政策はクラウディングアウトないしマンデル＝フレミング効果によって無効」という議論も、財政支出が本質的に通貨発行とイコールであり、事後的な国債の売りオペによって短期金利が“下がりすぎないように”調節している、という財政制度構造が理解されていないがゆえに出てくるものでしょう。

もう一つは、貨幣・金融システムの無理解に基づくパターンです。

これまでの章の繰り返しになりますが、貨幣は現金又貸しと貨幣乗数プロセスなどという非実在の取引とメカニズムで創出されるものでは断じてなく、商業銀行の負債として、投融資の“結果”として発行されるものです。そうした貨幣創造は経済状況によって左右されます。貨幣操作によって経済が調節されるのではなく、景況変化の“結果”として貨幣水準が変動するのです。

「量的緩和で経済刺激」、「中央銀行が将来のマネーサプライ拡大を約束してインフレ実現」といった主張は、上記のような貨幣・金融システム理解が不足していることによって誤って導かれたものと言えます。

もちろん、本章ではさらに発展的な議論もしていますが、ベーシックな経済論分析としては、上記2パターンをまず押さえておけばよいと考えます。

第10章

MMTに関連する発展的な議論

MMT に関連したさらなる発展的議論として、信用創造廃止論（ポジティブ・マネー論、ナロー・バンク論、公共貨幣論……）に対する MMT 的観点からの批判や、金利政策についての総括、MMT 派による「国債廃止論」の理論的意義など、様々な論点について論じます。

10-1

信用創造廃止論批判①
信用創造廃止論とは

批判に先立ち、ポジティブ・マネー論、公共貨幣論といった信用創造廃止論が生まれた背景とその主張を整理します。

信用創造廃止論の背景

第4章「信用貨幣論・内生的貨幣供給理論」で論じたように、現行の（あるいは以前からの）金融制度では、銀行の投融資は現金の又貸しでは断じてなく、銀行負債（銀行預金）の新規発行という形で行われます。

決済システムを提供し、決済代行を容易に担うことのできる銀行が、信用創造という形で広範に通用する決済手段を柔軟に発行することによって、経済の様々な決済が円滑に行える仕組みになっているわけです。

しかしながら、こうした内生的貨幣供給のシステムが、第6章「ストック·フロー一貫モデル」で論題にしたような金融不安定性の“起点”となっているのは、確かに一面的には事実ではあります。

こうした金融資本主義経済の揺動をコントロールするにあたり、「**銀行による信用創造それ自体を禁止すべきではないか**」と論じているのが**信用創造廃止論**というわけです。

信用創造廃止論の概要

信用創造廃止論と一口に言っても、ポジティブ・マネー論、ニュー・カレンシー理論、ソブリン・マネー・イニシアティブ、公共貨幣論といった、様々な展開があります。

とは言え、大枠のアプローチはどの信用創造廃止論でも同じです。

まず、段階的な法定準備率引き上げを通じて、法定準備率100%という形で、銀行による単独の信用創造を事実上禁止すべきと彼らは主張します。

この場合、銀行は、実態的には、預金者と中央銀行の間の完全な仲介業者に近い存在になります。

銀行は、政府・中央銀行の発行した通貨のうち、預金者が「投資用預金」へと移した資金のみしか投融資に利用することができなくなります（この意味で、教科書の中にしか存在していなかった“現金又貸し”の構造が本当に実現することになる）。

そして、政府・中央銀行は、経済生産の水準、成長率の水準に応じて、資金を追加供給することで、経済をコントロールするということになっています。

このような、法定準備率100%とナロー・バンク制、銀行による貨幣創造の抜本的廃止と政府・中央銀行によるマネーサプライ操作が、信用創造廃止論に共通する骨子です。

極めて残念ながら、こうした信用創造廃止論は、貨幣や金融システムに対する根本的な誤解や無理解の上に立脚したものです。次節以降では、そうした信用創造廃止論の本質的欠陥について論じていくことにします。

信用創造廃止論の概要

信用創造廃止論

ポジティブ・マネー論、ニュー・カレンシー理論、
ソブリン・マネー・イニシアティブ、公共貨幣論……

金融理解と診断

- 現行の金融経済は、銀行の信用創造＝貨幣創造による内生的貨幣供給の下で機能している（＊上記の世界観だけはMMTに少し近い）
- 銀行の信用創造・内生的貨幣供給が金融経済の不安定性の源である
- したがって、銀行の信用創造を禁止すれば、経済の不安定性は根絶されるはずだ

政策提案

- 法定準備率100%
- 銀行の信用創造＝貨幣創造を全面禁止
- 銀行は「投資用預金」の分しか投融資に回せない
- 経済全体のマネーサプライ水準は政府・中央銀行が決定

＊こうした診断や提案は、貨幣や金融システムに対する誤解や無理解に立脚している

10-2
信用創造廃止論批判②
貨幣と決済に対する誤解

信用創造廃止派が、貨幣と決済に対してどのように誤解しているかを明らかにすることで、その提言の有効性に疑義を呈します。

貨幣と決済に対する信用創造廃止派の誤解

信用創造廃止派は、金融の不安定性を、銀行の信用創造＝貨幣創造機能にのみ帰着させようとしますが、これは恐らく、信用創造廃止派が、貨幣のみを唯一の決済手段だと誤解してしまっているからではないかと考えられます。

第5章「債務ヒエラルキー･債務ピラミッド論」の5-4で論じたように、実際には、**貨幣による支払いは、数ある決済手段の内の一つ**に過ぎません。

それどころか、一般に金融機関からの借り入れには追加のコストが発生するため、企業としては、非貨幣的に決済が済むに越したことはありません。したがって企業は、貨幣支払をせざるを得ない決済の分だけ運転資金を調達するわけです。

銀行預金の創造と決済は、民間の金融活動の一部であって、そこだけを部分的に規制したとしても、民間経済全体の信用・金融の不安定性が根本的に除去されるわけではありません。各企業は、銀行と直接は関係のない様々な信用関係によって相互に接続されているからです。

決済インフラとしての銀行預金システム

もちろん、中央銀行や政府が銀行システムの安全性を様々な形で保証することによって、銀行がある種のモラルハザードを引き起こしやすい状況になっているという信用創造廃止派の指摘には一理あります。

とは言え、政府・中央銀行の一定の庇護・監督を受けている銀行が、経済全体への安全かつ便利な決済手段の提供を市中の決済需要状況に合わせて柔軟に行うという機能自体は、むしろ市中の決済を円滑化するにあたって基本的には必要なものであり、モラルハザード防止のためにこの信用創造機能自体を剥奪するというのは、産湯と共に赤子を流すような話で、直截的に言えば荒唐無稽でしょう。

代替的な決済性資産の出現の恐れ

また、「より安全で便利な決済手段を求める」という民間経済主体の希求それ自体がなくなるわけではありません。

ありそうなのは、「これは預金ではない」と言い張って、貨幣に類似した金融商品が開発されて流通するというパターンでしょう。

ただでさえ電子マネーや電子決済が流行する中で、この手の決済性資産を片っ端から廃絶するというのは非現実的ではないでしょうか。

さらに問題なのは、こうした決済性資産はペイオフなどの保護がない分、現行の銀行預金システムよりも概ね危険なものになりがちだという点です。

よかれと思って実行した信用創造禁止が、代替資産の“発明”によって、むしろ金融不安定性を一層高める危険性は十分に考えられるのです。

貨幣と決済に対する誤解とその修正

信用創造廃止派の誤解

- 金融不安定性は銀行の信用創造のみが原因
- 銀行の信用創造さえ禁止すれば金融は安定する

実際

- 銀行預金の創造と決済は民間金融活動の一部に過ぎない
- 信用創造を禁止するだけでは、民間の金融不安定性は除去されない

信用創造廃止派の誤解

- 政府や中央銀行による金融機関の庇護がモラルハザードを起こしやすくし、金融を不安定化している

実際

- 政府などの一定庇護下にある金融機関が安全かつ便利な決済手段を適宜柔軟に供給するという機能は基本的に必要
- 代替的な決済手段として、より不安定な決済性資産が出てきて、かえって金融不安定性が高まる危険も

10-3

信用創造廃止論批判③ 金融システムとマクロ経済についての無理解

信用創造廃止派は金融システムとマクロ経済についても理解不足であり、そのことが彼らの誤った政策処方箋の源となっています。

経済成長に応じて貨幣水準を調節するというナンセンス

種々様々な信用創造廃止論は、いずれも共通して「政府・中央銀行が、成長率に応じて貨幣を供給する」と主張しています。

この主張は、主流派経済学の「ある所得において必要な貨幣水準は一定である」というドグマを部分的に受け入れてしまっているという致命的な誤りに基礎づけられています。

信用創造による内生的貨幣供給は、経済活動において必要な分だけ需要され、実行されるわけですが、仮に年間の国民所得が一定であったとしても、貨幣が需要されるタイミングには少なくない波があります。

たとえば、日本のように、賃金や報酬といった貨幣での支払いが月締決済という形で月末に固まる商慣行の場合は、貨幣需要は月末にかけて高まり、支払いが終われば減退するという波が生じます。

このため、年あたりの成長率だけを指標に貨幣供給を行うという硬直的な金融制度においては、金利の乱高下や決済不履行がたびたび起こって経済的に混乱しまう可能性が高いです。

逆に、そうした経済的混乱を防ぐために多めに資金を供給すれば、景気が想定よりもかなり加熱してしまうことになるでしょう。

中央銀行の通貨供給を柔軟にすると元の木阿弥以下に

「柔軟な銀行預金供給が必要なのであれば、柔軟な中銀貸出（当座貸越含め）を適宜行える制度にすればよいではないか」

という反論もあり得ると思うのですが、もしそうなるなら、「銀行の信用創造を禁止する」という当初の趣旨が事実上喪失するのではないでしょうか。というのは、結局その際、事実上の投融資査定を行うのは銀行になってしまうからです。

投融資基準を厳格にしすぎれば、「柔軟な銀行預金供給」という目的と矛盾しますし、かといって不十分な監督なら、銀行側にはリスキーな投融資を止めるインセンティブがありません。現行のシステムならリスキーな投資には銀行破綻リスクがつきまといますが、法定準備100%のシステムでは中央銀行に完全保護されているのに近いからです。

このように、実務ベースで厳密に考えれば考えるほど、信用創造廃止派の金融システムへの無理解が際立ち、貨幣や金融へのこうした無理解から、到底首肯できないアイデアと見なさざるを得ないのです。

金融システムとマクロ経済についての無理解

信用創造廃止派の誤解

- 政府・中央銀行は成長率に応じて貨幣供給すればよい

実際

- 仮に同じ所得でも、貨幣需要には時期的な波がある
- 硬直的な貨幣供給では、金利の乱高下が生じてしまう
- 多めに貨幣供給すれば、今度は景気が過熱する

信用創造廃止派の誤解

- 柔軟な貨幣供給が必要なら、中央銀行貸出を柔軟にすればよいのではないか

実際

- 実際に投融資査定を行うのが銀行なら、「銀行の信用創造を禁止する」という元々の趣旨に反するのでは
- 投融資基準を厳格化すると結局柔軟な貨幣供給はできず、不十分な監督ではリスキーな投融資が横行し得る

10-4 金利政策についてのMMT的総括

金融政策の一つである金利政策（公開市場操作）について、MMT的な観点から見た総括を論じます。

金利政策の三つの問題

金利政策に関してはすでに簡単に触れてきましたが、改めてMMT的に総括しておくと、**金利政策には不確実性、不安定性、不平等性の三つの問題があります。**

◆金利政策の不確実性

金利政策においては、金利引き上げ→投資減退→総需要減少、あるいは金利引き下げ→投資刺激→総需要増加というメカニズムが前提とされています。しかしながら、**MMTは利子率と総需要のこうした単調な関係の想定に疑義を呈しています。**

たとえば、利子率上昇は債務者の支出を抑制し得ますが、同時に債権者の所得増→支出増にも働き得るので、総需要への影響の方向性は明らかではありません。

他にも、利子率の低下は、銀行にとっては自己資本蓄積の抑制を通じて、投融資抑制に働き得ます。これはMMT以外においても、リバーサル・レートと呼ばれる理論で検討されていますし、日本のマイナス金利導入時においても、リバーサル・レートのメカニズムに起因すると思しき円高株安現象が観測されています。

また、インフレが加速する局面では、国債金利の上昇、利払いの増加を通じて、相乗的にインフレがさらに加速するということが一般に懸念されます。インフレ退治と称して利上げ政策が行われる場合も同様であり、金利政策の財政的側面を鑑みると、利上げが単純な総需要抑制として機能するかは疑問です。

◆金利政策の不安定性

もし仮に金利政策に想定通りの単調な総需要効果があるとしても、それとは別に**不安定性の問題があるとMMT派は指摘しています。**

経済を均衡させる**自然利子率**の存在が金利政策の理論的前提ですが、内生的貨幣供給と金融不安定性の観点からは安定的な自然利子率の存在は想定され得ず、同じ金利の下でも状況に応じて総需要水準は大きく変動するであろうと考えられます。

乱高下する"自然利子率"を必死に追いかけても、経済を安定化させるのは難しいですし、実際、バブル崩壊以降の日本、そして世界金融危機以降の先進国各国における金利政策の限界はそのことを示唆しているのではないでしょうか。

◆金利政策の不平等性

万が一仮に、不確実性と不安定性の問題がある程度コントロールされたとしても、金利政策には**不平等性の問題**が残っています。

金利政策を含む既存のマクロ経済政策は、失業バッファー・ストックの枠組み、つまり失業率の操作を通じて物価を制御するというある種非倫理的な代物です。

さらに金利政策の場合は事実上、「インフレに対し、利上げによって金利所得者の所得を確保しつつ、失業者を増やして物価上昇を抑制する」という構造になっており、これはあまりにも不平等ではないでしょうか。

MMT派は、こうした三段構えの論理で、金利政策に対して強い批判の論陣を張っているというわけです。

金利政策に対するMMT的批判

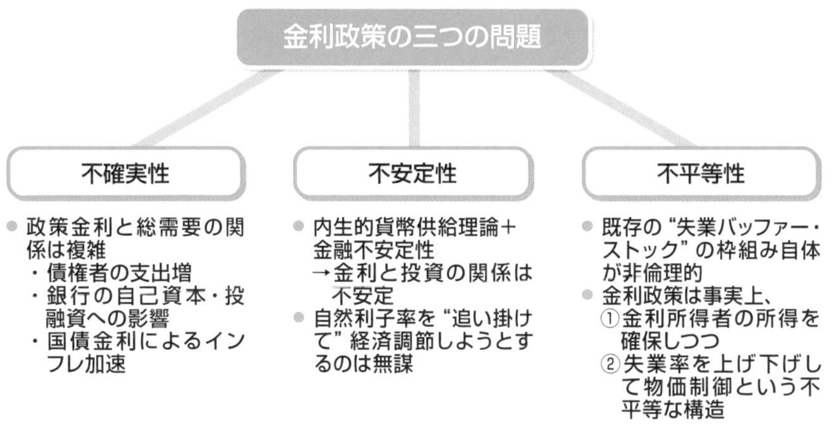

金利政策の三つの問題

不確実性	不安定性	不平等性
● 政策金利と総需要の関係は複雑 ・債権者の支出増 ・銀行の自己資本・投融資への影響 ・国債金利によるインフレ加速	● 内生的貨幣供給理論＋金融不安定性 →金利と投資の関係は不安定 ● 自然利子率を"追い掛けて"経済調節しようとするのは無謀	● 既存の"失業バッファー・ストック"の枠組み自体が非倫理的 ● 金利政策は事実上、 ①金利所得者の所得を確保しつつ ②失業率を上げ下げして物価制御という不平等な構造

10-5 国債廃止論の理論的構造

レイ、ミッチェルらがかねてから主張している「国債廃止論」について、その理論的背景について論じます。

改めて、国債は何のためにある？

MMT派がよく主張する国債廃止論について解説する前に、マクロ金融における国債の役割を再度確認しておきましょう。詳しくは第2章「租税貨幣論」、特に2-4と2-6で論じてきましたが、**通貨発行権のある政府において、国債は資金調達手段ではなく、あくまで銀行間市場金利の調節手段として発行されています。**

政府支出による準備預金増加において、銀行間市場金利が“下がりすぎないように”、有利子の代替資産として国債を提供し、準備預金を吸収して、銀行間市場金利をキープするという役割です。

そして金利政策は、国債提供によって設定される銀行間市場金利を上げ下げすることで、総需要を調節しようとするスキームなわけです。

金利政策を破棄するなら国債を発行する意味がない

奇しくも前節で論じたように、金利政策には不確実性、不安定性、不平等性の問題があり、**MMT派は金利政策を経済調節に用いるのに反対**しています。

銀行間市場金利を調節するために国債が発行されるという制度構造である以上、金利政策を“破棄”するべきというMMT派の考えからいけば、国債発行の主目的は失われることになります。

これがMMT派の一部が国債廃止を提唱する第一の理由です。

国債金利は格差拡大的であり不平等

また、国債金利は、国債を資産として保有可能な投資家や富裕層に対しての“年金”として機能しています。資金調達手段というわけでもないのに、わざわざ利子

をプレゼントしている格好です

さらに、前節でも批判したように、金利政策、特に利上げ政策は、「金利所得者の国債金利収入を確保しつつ、失業を増やして物価をコントロール」するという不平等極まりない構造を持っており、国債及び国債を用いた金利政策スキームは、実に不平等で格差拡大的だ、というのがMMT派の人々の主張です。

「債務恐怖症」への処方箋

最後に、これは経済学的というよりは政治的な議論ですが、人々が「国債」ないし「政府債務」というタームそれ自体に対して、理屈ではない恐怖心を抱いている場合、そして財政学者やメディアがそうした「債務恐怖症」を煽ることで緊縮財政を強行しようとする場合、国債という不要不急の制度を廃止して、恐怖症による緊縮財政志向を回避するというのも一つの方策だとMMT派は主張しています。

国債廃止論の要諦

国債廃止論

議論前提

- 国債は資金調達手段ではない
- 国債は銀行間市場金利を調節する手段として機能
  →金利政策を破棄するなら、発行の主要目的が喪失

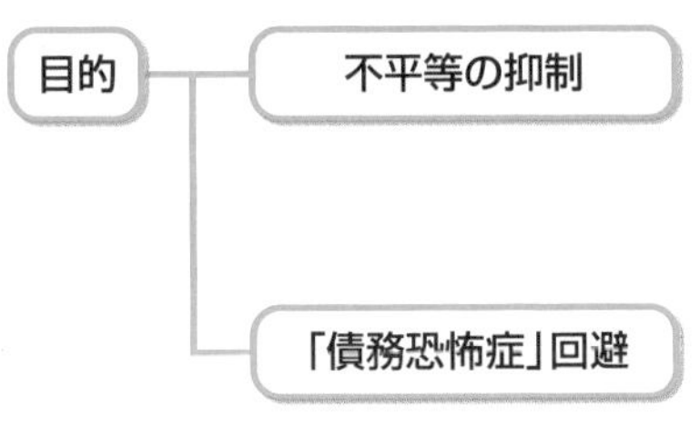

- 国債金利は投資家や富裕層への“年金”
- インフレに対する利上げ政策は特に、「金利所得者の所得を守りつつ失業率を上げて物価抑制」という格差拡大的・不平等なスキーム

- 人々が「国債」「政府債務」という言葉自体に恐怖心を抱いているなら、国債廃止によって、緊縮財政志向に歯止めをかける

10-6 国債廃止論の留意点

前節で解説した国債廃止論について、その課題や想定され得る問題について考察しておきます。

国債廃止に副作用はないのか

前節で解説したように、金利政策の破棄を前提としつつ、**格差拡大防止**と**債務恐怖症回避**を目的に提唱されている**国債廃止論**ですが、そこに何かしらの“副作用”はないのでしょうか。

実のところ、経済的な問題としては、金融機関の収益の不安定化、より政治的な問題としては、将来の政府支出予想の不安定化が挙げられます。以下に詳説します。

金融機関の収益構造がリスキーに

国債は実態的に、金融機関にとっての安定収益源として機能しています。

これが金融機関及びその株主に対する“年金”となっているのが問題だというのが、一部MMT派の主張ではあったわけですが、とは言え、安定収益源をごっそり奪ってしまうことは、金融機関の投資戦略にあまり望ましくない影響を与えるかもしれません。

というのは、金融機関は利潤を確保するため、よりリスキーな投資に手を染めなければならないかもしれないからです。

長期停滞による低金利経済においては、特に金融機関の利潤は圧縮され、その中で利潤を確保するためには、信用度の低い相手にも積極的に貸し出さなくてはならなくなるかもしれません。国債という安定的な収益源を剥奪すれば、この動きは加速し、金融不安定性が高まってしまう可能性があります。

こうした懸念に対しては、MMT派の中でも、たとえばステファニー・ケルトン（ベル）は、比較的低金利の国債を残して、安定収益を確保させておくのがベターなのではないか、と論じたりもしています（＊ただし、十分な規模の政府支出が民間全体に十分な純貯蓄蓄積をもたらすなら、金融機関も穏当な投資戦略で十分に安定収益を得られるのではないか？ という指摘にも妥当性があります）。

将来の政府支出に対する政治的不安

もう一つの懸念は、政治的なものです。

もし政府がきちんと現代通貨・財政制度を理解したままでいられるなら、たとえば年金や社会保険に十分な政府支出が行われるでしょう。

しかし、政治的な問題で、政府の金融財政理解が“後退”するようなことがあれば、将来的には年金や社会保険が運営上の不安を抱えることになります。

そうした“政治的不安定性”まで加味すると、国債を年金機構や社会保険機構に保有させて、将来の財政的補助を事実上約束する形を取るほうが、運営上の不安は抑制されるかもしれません。

ただし、原則論としては、あくまで将来においても十分な財政的補助を行うべきだということになりますし、この理屈でいくと、国債を提供する相手は政府側で（公益性の高い機構などにのみ）厳選すべきだという話になるでしょう。

国債廃止論における懸念事項

懸念事項①:金融機関の収益構造のリスク上昇

- 国債は金融機関の安定収益源
- 安定収益源の喪失は、金融機関の投融資をよりリスキーにし得る
  → 金融不安定性が高まる恐れ
- 比較的低金利の国債は発行継続するという主張にも一理あり

懸念事項②:将来の政府支出に対する政治的不安

- 正しい通貨・財政理解の下、十分な政府支出が行われ続けるのが理想
- ただし、政治的不安があれば、将来に支出を抑制される恐れ
- 年金機構や社会保険機構に国債を保有させ、実質的に将来の政府支出を約束するという形を取るのも一手

では中央銀行は何をするのか？

「金利政策をマクロ経済調節の主要手段とすべきではない」というMMT派の主張を紹介すると、決まってよくある疑問・批判は

「では中央銀行にはやることはないのか？」

というものです。

しかしながら、当然、中央銀行の仕事が丸っきりなくなるということはありません。

むしろ、中央銀行には“最後の貸し手”（Lender of Last Resort）として、管轄する金融機関のポートフォリオの安全性を監査するという極めて重要な業務があります。

また金融機関に限らず、非金融部門で不安定な資産取引や決済が行われていないかを調査するという役割もあるでしょう。

中央銀行の第一の責務は、マクロ経済調節などではなく、むしろ上述の金融安定のための営為にあるはずなのです。

マクロ経済調節のため、そしてマクロ経済調節のために銀行間市場金利をいくら上げ下げするかという意思決定とそのための調査に、かえって余計なリソースを奪われすぎている、と見なすこともできます。

金利政策とそのための調査・意思決定にかかずらうという「余分な業務」から中央銀行を“解放”することで、金融安定のためにより多くのリソースを割けるようになるわけです。

それでもなお、人材が余るようであれば、より生産的な研究や教育にその人材を移行することのほうが、よほど経済に資するのではないか、というのが、MMT派がよく言う定番の皮肉となっています。

あとがき

本書を読んでいかがだったでしょうか。

「よくわかる」と銘打った手前で恐縮ですが、必ずしも万人へのわかりやすさのために尽力したとは言えないのが、本書の最大の難点かもしれません。

ある程度以上、経済学や、経済政策論議の素養がなければ、本書の多岐にわたるメッセージを消化しきるのは難しいかもしれないからです。

しかし、本書で論じたMMTの"真髄"を叩き台にして、正確さを前提とし、その上でよりわかりやすい、あるいはより個別具体的な議論が出てくることを切に望むものです。

さて、私が本書の執筆に携わるに至った経緯を、この機会に記しておきます。

私(望月慎)は当初、「望月夜」というハンドルネームで2013年頃からインターネット上の経済論議に明け暮れていたのですが、このMMTに本格的に取り組み始めたのは2016年頃のことです。

元々はニューケインジアン寄りで、特にクルーグマンを典型とする"修正"ニューケインジアンという集団に関心を持っていた私にとって、クルーグマンの"論敵"であったMMT派は、むしろ懐疑の対象でした(そう、最初はどちらかと言えば"反MMT"だったのです!)。

しかしながら、海外のMMT論議がインターネットを中心として展開していたのとまるで呼応するかのような形で、すでにその時期には日本のインターネット上でもMMTの研究が広まりつつありました(その中心人物が、本書にチェックと助言をいただいたwankonyankoricky氏でした)。

そして2016年初頭、ネット上でJapanese Owl(KF)氏と討論を交わします。「討論」という響きの通り、この交流は当初、決して友好的なものではありませんでした(Japanese Owl氏にも、今回本書のチェックと助言をいただいています)。

しかしながら、議論し、情報を集め、思索を重ねるにつれ、"論敵"であったはずのMMTが、むしろ現実経済を説明する理論として極めて妥当性が高いことに気づかざるを得ませんでした。2016年も半ばを過ぎる頃には、

MMT的な経済観をほぼ全面的に受け入れ、それまでの自分なりの経済論も、MMTベースで"組み直す"必要があると考えるようになっていました。

また、MMTを明示的に取り上げた、ある種"話題作"である中野剛志氏著『富国と強兵』(2016年12月出版)に少なからず触発される形で、ネット上でのMMTの紹介・解説をさらに加速させていきました。

そんな折、一般社団法人『経済学101』(海外の経済記事の翻訳・公開を行う非営利団体)の中筋浩平氏から、「MMT派経済学者：ビル・ミッチェルの翻訳をやらないか」とお声かけいただきました。二つ返事で引き受け、にゅん氏やchietherabbit氏(いずれも匿名)などのご協力の下、翻訳記事をアップし始めたのが2018年1月のことです。

当然ながらこの時期、世間からMMTのMの字も聞こえないほど極めてマイナーなムーブメントであったことは疑う余地もありません。

急激に「事が動き始めた」のは、間違いなく米民主党のアレクサンドリア・オカシオ＝コルテス下院議員が発端でしょう。彼女に対する是非はさておき、ある意味で全米の注目を集める彼女のMMT支持の表明は、元々すでにネット上でMMT支持が広がりを見せていたアメリカのみならず、海を越えて日本に影響を与えるほどに、大きなインパクトのあるものでした。

とは言え、お世辞にも時勢に聡いとは言えない私は、オカシオ＝コルテス旋風の威力など露知らず、呑気にいつもの調子で翻訳や経済論議を継続していたのでした。

ここで、転機となった出会いが二つありました。

ネット上の同志の紹介でお会いした藤井聡先生(執筆時点で京都大学大学院工学研究科教授)、先ほど名前を挙げた中筋氏(経済学101)の紹介でお会いした松尾匡先生(執筆時点で立命館大学経済学部教授)です。両先生には、特にMMT派のステファニー・ケルトン氏、ビル・ミッチェル氏の両氏それぞれの来日シンポジウムの際にも、様々な形で大変お世話になりました。

また、松尾先生からは、立命館大学での研究報告に招待いただき、紀要論文「Modern Monetary Theoryの概説」(立命館経済学68-2 ?2019.7)の掲載にもご尽力いただきました。

本書の出版も、松尾先生からの紹介なくしてあり得ませんでした。

その後は、(またしても)中筋氏の紹介でお会いした井上智洋先生(執筆時点で駒澤大学経済学部准教授)や飯田泰之先生(執筆時点で明治大学経済学部准教授)との出会い、井上先生の紹介の下で実現したネットラジオ『AWニュース』の出演、AWニュースでの野口旭先生（執筆時点で専修大学経済学部教授）との論戦、他にも専修大学経済学部の石塚良次先生との出会いと交流など、MMT旋風の吹き荒れた2019年を振り返ってみれば、実に目まぐるしいほどの出会いと出来事に溢れていました（ここには書ききれない出会いももちろんたくさんあります）。

数奇な巡り合わせと、出会った方々からのご協力の末、出版とは縁もゆかりもなかった自分がこうして筆を取ることになり、人の運命の奇妙さというものを痛感せざるを得ません。

しかしながら、本書はあくまでMMTの平易な紹介・解説にとどめるために（とは言え、各所に私なりの考察を散りばめてはいますが）、語ることができなかった論点が多くあります。

すでに述べたように、私の元々の関心はニューケインジアン、特に"修正"ニューケインジアンという新奇なムーブメントにあったのであり、特に『長期停滞理論』（A Model of Secular Stagnation）というアイデアに注目していました。

長期停滞理論について簡単に紹介しておくと、Eggertsson & Mehrotraが三世代型世代重複モデル（Three Priod OLG）を用いて自然利子率が（短期的ではなく）長期的にマイナスになり得ることを示した経済モデルで、代表的個人モデルでは短期的な流動性の罠しか描出できないというクルーグマンのIt' s Baaackのモデルの短所を克服するものでした。

もちろん、どちらかというと主流派系に属する経済モデルですので、MMTと直接のシナジーはありません。しかし、MMTビュー（つまり、現実経済ベース）で再解釈することによって、有意義な政策インプリケーションを引き出せないか？ と模索しているところです。

また、政府債務の膨張がインフレを起こさない現況についても、長期停滞理論の財政学への応用で説明がつかないか？ などといった方向性を探っています。

もちろん、本書はあくまで「MMTがよくわかる本」であり、こうした私の関心分野については、触れることはできませんでした。

また、バブル崩壊前後以降の現代日本経済の分析や、アベノミクスの批判的検討なども関心分野なのですが、本書内ではあまりこれらを明示的に論じる機会がありませんでした。

語り残したことを挙げだすとキリがありませんが、これらはまたの機会ということで、ここでいったん筆を置くこととします。

ここで、関係者の方々に感謝申し上げたいと思います。

MMTに関わる様々なイベントや議論で大変お世話になった藤井聡先生（執筆時点で京都大学大学院工学研究科教授）と松尾匡先生、MMT関連議論やAWニュース出演でお世話になった井上智洋先生（執筆時点で駒澤大学経済学部准教授）、深川芳樹氏をはじめとするAWニュースのスタッフの方々、そしてお忙しい中AWニュースでの議論に足を運んでいただいた野口旭先生（執筆時点で専修大学経済学部教授）、野口旭先生との間を取り持っていただき、加えてMMTに関する議論にお付き合いくださった専修大学経済学部の石塚良次先生、また様々な出会いをもたらしてくださった経済学101の中筋浩平氏、記事翻訳やMMT派経済学者来日イベントで大変お世話になった経済学101のスタッフの方々［特ににゅん氏（匿名）とchietherabbit氏（匿名）］……本当は他にもたくさんの方々に感謝申し上げたいところですが、際限がなくなるので恐縮ながらここまでとさせていただきます。

例外としてお二方、私より遥か前からMMT研究に尽力され、インターネットで発信していらしたwankonyankoricky氏（匿名）、そして初めてMMTと私を引き合わせてくださった最初の論争相手であるJapanese Owl（KF）氏（匿名）には、本書のチェックと助言を賜わりまして、殊更特別に感謝申し上げたいと思います。

願わくば、本書が日本における経済政策論議の混迷を解く端緒とならんことを。

2020年3月　　望月 慎

参考文献

◆第１章

L・ランダル・レイ 著／鈴木正徳 訳, 2019,『MMT現代貨幣理論入門』, 東洋経済新報社

マルク・ラヴォア 著／宇仁宏幸, 大野隆 訳, 2008,『ポストケインズ派経済学入門』, ナカニシヤ出版

Coy, Peter, Dmitrieva, Katia, and Boesler, Matthew, 2019, "Warren Buffett Hates It. AOC Is for It. A Beginner' s Guide to Modern Monetary Theory", Bloomberg Businessweek, https://www.bloomberg.com/news/features/2019-03-21/modern-monetary-theory-beginner-s-guide

内藤敦之, 2009,『ポストケインジアンの内生的貨幣供給論とケインズの貨幣的経済学』, 一橋大学機関リポジトリ

Fonseca, Gonçalo L. and Ussher, Leanne J., " THE HISTORY OF ECONOMIC THOUGHT WEBSITE", http://www.hetwebsite.net/het/home.htm

※山形浩生氏訳：『経済思想の歴史』, https://cruel.org/econthought/index.html

Wray, L Randall, 2007, "Endogenous Money: Structuralist and Horizontalist", The Levy Economics Institute and University of Bard College Working Paper No. 512

Deleplace, Ghislain, and Nell, Edward J., 1996, "Money in Motion: The Post-Keynesian and Circulation Approaches", Palgrave Macmillan, ISBN-13:978-0312125431

Mosler, Warren, 2010, "The 7 Deadly Innocent Frauds of Economic Policy", Valance Co Inc

Godley, Wynne and Wray, L.R., 1999, "Can Goldilocks Survive?", The Levy Economics Institute of Bard College: Policy Note 1999/4

Fatas, Antonio, 2012, "Underestimating Fiscal Policy Multipliers", Antonio Fatas on the Global Economy, http://antoniofatas.blogspot.com/2012/10/underestimating-fiscal-policy.html

原田泰, 2014,『公共事業が持つ景気抑制効果 第2の矢の再考を』, WEDGE Infinity, https://wedge.ismedia.jp/articles/-/3650

毎日新聞 2013年9月9日『消費増税：自民、8%への引き上げ論一色に　全議員会合で』より引用—『首相と金融緩和策で歩調を合わせる山本幸三衆院議員も「デフレ脱却と消費税は関係ない。10月まで延ばさず早く決めるべきだ」と首相の早期の決断を求めた。』

山本幸三, 飯田泰之, 2014,『アベノミクスを成功させるために、消費税増税を先送りせよ』, SYNODOS, https://synodos.jp/economy/11455 より引用 —『山本　増税しても大丈夫だと思っていたのは、金融緩和によって円安になれば輸出が伸びて、消費税増税の影響を相殺してくれるというのが根拠でした。』

◆第２章

L・ランダル・レイ　著／鈴木正徳　訳, 2019,『MMT現代貨幣理論入門』, 東洋経済新報社

Mosler, Warren, 2010, "The 7 Deadly Innocent Frauds of Economic Policy", Valance Co Inc

Mitchell, William, 2009, "A simple business card economy", Bill Mitchell-Modern Monetary Theory. http://bilbo.economicoutlook.net/blog/?p=1075

※邦訳：ビル・ミッチェル「シンプルな“名刺”経済」(2009年3月31日), https://econ101.jp/%e3%83%93%e3%83%ab%e3%83%bb%e3%83%9f%e3%83%83%e3%83%81%e3%82%a7%e3%83%ab%e3%80%8c%e3%82%b7%e3%83%b3%e3%83%97%e3%83%ab%e3%81%aa%e5%90%8d%e5%88%ba%e7%b5%8c%e6%b8%88%e3%80%8d%ef%bc%8820/
Wray, L. R., 2011, “MMP BLOG #8: TAXES DRIVE MONEY”, New Economic Perspectives, http://neweconomicperspectives.org/2011/07/mmp-blog-8-taxes-drive-money.html
Tymoigne, Eric and Wray, L. R., 2013, “MMT 101: Response to the Critics Part 2”, New Economics Prespectives, URL
Tymoigne, Eric and Wray, L. R., 2013(2), “MMT 101: Response to the Critics Part 4”, New Economics Prespectives, URL
フェリックス・マーティン 著, 遠藤真美 訳,『21世紀の貨幣論』, 東洋経済新報社
カビール・セガール 著, 小坂恵理 訳,『貨幣の「新」世界史――ハンムラビ法典からビットコインまで』, 早川書房
デヴィッド・グレーバー 著, 酒井隆史ら 訳,『負債論 貨幣と暴力の5000年』, 以文社
楊枝嗣朗 著, 2012,『歴史の中の貨幣　貨幣とは何か』, 文眞堂
飯田泰之 著, 2019,『日本史に学ぶマネーの論理』, PHP研究所
Forstater, Mathew, 2004, “Tax-Driven Money: Additional Evidence from the History of Thought, Economic History, and Economic Policy”, The Center for Full Employment and Price Stability Working Paper No.35, http://www.cfeps.org/pubs/wp-pdf/WP35-Forstater.pdf

◆第３章

Mosler, Warren, 2010, “SEVEN DEADLY INNOCENT FRAUDS OF ECONOMIC POLICY”, Valance Co., Inc.,
Mitchell, William, 2010, “Taxpayers do not fund anything”, Bill Mitchell - Modern Monetary Theory
※邦訳：ビル・ミッチェル「納税は資金供給ではない」(2010年4月19日)
Wray, L.R., 2018, “Functional Finance: A Comparison of the Evolution of the Positions of Hyman Minsky and Abba Lerner”, Levy Economics Institute of Bard College Working Paper No.900
Fullwiler, Scott and Wray, L.R., 2010, “Quantitative Easing and Proposals for Reform of Monetary Policy Operations”, Levy Economics Institute of Bard College Working Paper No.645
Mitchell, William, 2009, “The natural rate of interest is zero!”, Bill Mitchell - Modern Monetary Theory, http://bilbo.economicoutlook.net/blog/?p=4656
※邦訳：ビル・ミッチェル「自然利子率は「ゼロ」だ！」(2009年8月30日), https://econ101.jp/%E3%83%93%E3%83%AB%E3%83%BB%E3%83%9F%E3%83%83%E3%83%81%E3%82%A7%E3%83%AB%E3%80%8C%E8%87%AA%E7%84%B6%E5%88%A9%E5%AD%90%E7%8E%87%E3%81%AF%E3%80%8C%E3%82%BC%E3%83%AD%E3%80%8D%E3%81%A0%EF%BC%81%E

3%80%8D/
Brunnermeier, Markus K., and Koby, Yann, "The Reversal Interest Rate", IMES Discussion Paper Series Discussion Paper No. 2019-E-6
ローレンス・サマーズの一連のツイートスレッド, https://twitter.com/LHSummers/status/1164490326549118976
※邦訳：ローレンス・サマーズ「今後の経済で金融政策がマクロ経済安定化の第一手段となるかは疑わしい」(2019年8月22日), http://econdays.net/?p=10703

◆第４章

McLeay, Michael and Radia, Amar and Thomas, Ryland, 2014, "Money Creation in the Modern Economy", Bank of England Quarterly Bulletin 2014 Q1.
全国銀行協会金融調査部 編, 2013,『9訂版 図説わが国の銀行』, 財経詳報社
Mitchell, William, 2009(3), "Money multiplier and other myths ", Bill Mitchell-Modern Monetary Theory, http://bilbo.economicoutlook.net/blog/?p=1623
※邦訳：『ビル・ミッチェル「貨幣乗数、及びその他の神話」(2009年4月21日)』, https://econ101.jp/%E3%83%93%E3%83%AB%E3%83%BB%E3%83%9F%E3%83%83%E3%83%81%E3%82%A7%E3%83%AB%E3%80%8C%E8%B2%A8%E5%B9%A3%E4%B9%97%E6%95%B0%E3%80%81%E5%8F%8A%E3%81%B3%E3%81%9D%E3%81%AE%E4%BB%96%E3%81%AE%E7%A5%9E%E8%A9%B1/
Mitchell, William, 2009(3), "Money multiplier and other myths", Bill Mitchell-Modern Monetary Theory
『日本銀行の金融調節の枠組み:3. 金融調節の実務的枠組み』, 日本銀行ワーキングペーパーシリーズ, 2000年
青木周平, 2001,『決済の原理—決済についての入門講義—』, 日本銀行信用機構室, https://www.boj.or.jp/paym/outline/kg74.htm/
土屋宰貴, 2012,『流動性節約機能付 RTGS 下における業態別・取引別の資金決済動向について』, BOJ Reports & Research Papers
田中久義, 2011,『金融論の新展開と組合金融論』, 農林金融2011年2月号
井汲明夫, 2004,『通説的信用創造論（所謂フィリップスの信用創造論）の批判的検討』, 城西経済学会誌 31巻 pp.1-34
Wray, L. Randall, 2007, "Endogenous Money: Structuralist and Horizontalist", The Levy Economics Institute and University of Missouri-Kansas City Working Paper No. 512
Gardiner, Geoffrey W. 2004. "The Primacy of Trade Debts in the Development of Money" in L.R. Wray (ed) Credit and State Theories of Money: The Contributions of A. Mitchell Innes. Cheltenham: Edward Elgar.
Parguez, Alain and Seccareccia, Mario, 2000, "The Credit Theory of Money: The Monetary Circuit Approach", What is money? , - London [u.a.] : Routledge, ISBN 978-0-415-20690-7. - 2000, p. 101-123
Zazzaro, Alberto, 2002, "How Heterodox is the Heterodoxy of the Monetary Circuit Theory?

The Nature of Money and the Microeconomy of the Circuit", Working Papers 163, Universita' Politecnica delle Marche (I), Dipartimento di Scienze Economiche e Sociali.
Mitchell, William, 2009(3), "Money multiplier and other myths ", Bill Mitchell - Modern Monetary Theory
Mitchell, William, 2010, "Lending is capital- not reserve-constrained ", Bill Mitchell - Modern Monetary Theory
※邦訳:『ビル・ミッチェル「銀行融資は—準備預金ではなく—自己資本によって制約されている」(2010年4月5日)』
https://econ101.jp/%E3%83%93%E3%83%AB%E3%83%BB%E3%83%9F%E3%83%83%E3%83%81%E3%82%A7%E3%83%AB%E3%80%8C%E9%8A%80%E8%A1%8C%E8%9E%8D%E8%B3%87%E3%81%AF%E2%80%95%E6%BA%96%E5%82%99%E9%A0%90%E9%87%91%E3%81%A7%E3%81%AF%E3%81%AA/
日本銀行企画局, 2006,『主要国の中央銀行における金融調節の枠組み』, http://www.boj.or.jp/research/brp/ron_2006/data/ron0606c.pdf
政府開発援助(ODA)国別データブック 2008: V アフリカ地域: [21] ジンバブエ, https://www.mofa.go.jp/mofaj/gaiko/oda/shiryo/kuni/08_databook/pdfs/05-21.pdf
Ibañez, Esteban, 2017,『ベネズエラ危機の概説』, Global News View, http://globalnewsview.org/archives/5442

◆第5章

L・ランダル・レイ 著/鈴木正徳 訳, 2019,『MMT現代貨幣理論入門』, 東洋経済新報社
ミシェル・アグリエッタ, アンドレ・オルレアン著/井上泰夫, 斎藤日出治 訳, 1991,『貨幣の暴力—金融危機のレギュラシオン・アプローチ』, 法政大学出版局
Bell, Stephanie, " The Role of the State and the Hierarchy of Money", Cambridge Journal of Economics, 2001, vol. 25, issue 2, 149-63, http://cas2.umkc.edu/economics/people/facultyPages/wray/courses/Econ601%202012/readings/Bell%20The%20Role%20of%20the%20State%20and%20the%20Hierarchy%20of%20Money.pdf
服部亮三, 2012 ,『カンボジアのドル化』, アジアレポート: アジアインサイト, 大和総研グループ, https://www.dir.co.jp/report/asia/asian_insight/120119.html
Tymoigne, Eric, 2016, "Money and Banking Part 17: History of Monetary Systems", New Economics Perspectives, http://neweconomicperspectives.org/2016/06/money-banking-part-17-history-monetary-systems.html
JP Koning, 2017, "Bringing back the Somali shilling", Moneyness, http://jpkoning.blogspot.com/2017/03/bringing-back-somali-shilling.html
USD/SOS Investment.com https://jp.investing.com/currencies/usd-sos
内田浩史, 2011,『企業間信用の機能』, Design of Interfirm Network to Achieve Sustainable Economic Growth Working Paper Series No.6, Research Center for Interfirm Network Institute of Economic Research, Hitotsubashi University, http://www.ier.hit-u.ac.jp/ifn/result/doc/ifn_wp006.pdf

wankonyankoricky, 2015,『貨幣が負債だとしたら、ではそもそも負債とは何か、というお話。』, 断章、特に経済的なテーマ, https://blog.goo.ne.jp/wankonyankoricky/e/f16cfd53760ef66a002a234a61b131c4
岩井克人 著, 1998,『貨幣論』, 筑摩書房
在サウジアラビア日本国大使館, 2019,『サウジアラビア経済動向』、https://www.ksa.emb-japan.go.jp/files/000437439.pdf
The Guardian, 2019, "Saudi oil company named world's most profitable business", https://www.theguardian.com/business/2019/apr/01/saudi-aramco-oil-world-most-profitable-business-apple-exxon

◆第6章

Nikoforos, Michalis and Zezza, Gennaro, 2017, "Stock-flow Consistent Macroeconomic Models: A Survey", Levy Economics Institute of Bard College Working Paper No. 891
L・ランダル・レイ 著／鈴木正徳 訳, 2019,『MMT現代貨幣理論入門』, 東洋経済新報社
Mosler, Warren, 2010, "The 7 Deadly Innocent Frauds of Economic Policy", Valance Co Inc
Wray, L.R. , 2010, "The Federal Budget is NOT like a Household Budget: Here' s Why", ROOSEVELT INSTITUTE, https://rooseveltinstitute.org/federal-budget-not-like-household-budget-heres-why/
Tymoigne, Éric and Wray, L.R., 2013, "Modern Money Theory 101: A Reply to Critics", Levy Economics Institute of Bard College: Working Paper No. 778, pp.19-20
Godley, Wynne and Wray, L.R., 1999, "Can Goldilocks Survive?", The Levy Economics Institute of Bard College: Policy Note 1999/4
Godley, Wynne, 1999a. "Seven Unsustainable Processes: Medium-Term Prospects and Policies for the United States and the World." Strategic Analysis. Annandale-on-Hudson, NY: Levy Economics Institute of Bard College.
Mitchell, William, Wray, L. R. and Watts, Martin, 2019, "Macroeconomics", Red Globe Press
Godley, Wynne, and Marc Lavoie, 2007a, "Monetary Economics: An Integrated Approach to Credit, Money, Income, Production and Wealth", London: Palgrave MacMillan.
Godley, Wynne and Marc Lavoie, 2007b. "A Simple Model of Three Economies with Two Currencies: The Eurozone and the USA." Cambridge Journal of Economics 31(1): 1-23.
Godley, Wynne, and Marc Lavoie. 2003. "Two-Country Stock-Flow-Consistent Macroeconomics Using a Closed Model Within a Dollar Exchange Regime.", Cambridge: Endowment for Research in Finance, Working Paper No. 10. Cambridge, UK: Cambridge Endowment for Research in Finance. Available at: http://www.dspace.cam.ac.uk/bitstream/1810/225206/1/wp10.pdf
ジョン・クイギン 著／山形浩生 訳, 2012,『ゾンビ経済学—死に損ないの5つの経済思想』, 筑摩書房
Mitchell, William, 2013, "How to discuss Modern Monetary Theory", Bill Mitchell-Modern Monetary Theory, http://bilbo.economicoutlook.net/blog/?p=25961

※邦訳：『ビル・ミッチェル「MMT（現代金融理論）の論じ方」(2013年11月5日)』https://econ101.jp/%E3%83%93%E3%83%AB%E3%83%BB%E3%83%9F%E3%83%83%E3%83%81%E3%82%A7%E3%83%AB%E3%80%8C%EF%BD%8D%EF%BD%8D%EF%BD%94%EF%BC%88%E7%8F%BE%E4%BB%A3%E9%87%91%E8%9E%8D%E7%90%86%E8%AB%96%EF%BC%89%E3%81%AE%E8%AB%96/

Bernanke, Ben S., 2004, "The Great Moderation", At the meetings of the Eastern Economic Association, Washington, DC, February 20, 2004

Decker, James, 2013 , "Larry Summers at IMF Economic Forum, Nov. 8", https://www.youtube.com/watch?v=KYpVzBbQIX0

Fellmy, Randy, 2013, "Transcript of Larry Summers speech at the IMF Economic Forum, Nov. 8, 2013", https://www.facebook.com/notes/randy-fellmy/transcript-of-larry-summers-speech-at-the-imf-economic-forum-nov-8-2013/585630634864563

Krugman Paul, 2013, "Secular Stagnation, Coalmines, Bubbles, and Larry Summers", The Conscious of Liberal NOVEMBER 16, 2013, The New York Times, https://krugman.blogs.nytimes.com/2013/11/16/secular-stagnation-coalmines-bubbles-and-larry-summers/

Wray, L.R., 2011, "Minsky's Money Manager Capitalism and the Global Financial Crisis", Levy Economics Institute of Bard College Working Paper No. 661

Tymoigne, Eric and Wray, L.R., 2016, "The Rise and Fall of Money Manager Capitalism: Minsky's half century from world war two to the great recession", Routledge, ISBN-13: 978-1138650169

◆第７章

L・ランダル・レイ 著／鈴木正徳 訳, 2019,『MMT現代貨幣理論入門』, 東洋経済新報社

Tcherneva, P.R., 2018, " The Job Guarantee: Design, Jobs, and Implementation", Levy Economics Institute of Bard College Working Paper No. 902

Mitchell, William, 2019(1), "Q&A Japan style-Part 2", Bill Mitchell-Modern Monetary Theory, http://bilbo.economicoutlook.net/blog/?p=43558

※邦訳：『ビル・ミッチェル「日本式Q&A-Part 2」(2019年11月5日)』, https://econ101.jp/%e3%83%93%e3%83%ab%e3%83%bb%e3%83%9f%e3%83%83%e3%83%81%e3%82%a7%e3%83%ab%e3%80%8c%e6%97%a5%e6%9c%ac%e5%bc%8fqa-part-2%e3%80%8d%ef%bc%882019%e5%b9%b411%e6%9c%885%e6%97%a5%ef%bc%89/

Mitchell, William, 2019(2), "Q&A Japan style-Part 3 ", Bill Mitchell-Modern Monetary Theory, http://bilbo.economicoutlook.net/blog/?p=43570

※邦訳：『ビル・ミッチェル「日本式Q&A-Part 3」(2019年11月6日)』, https://econ101.jp/%e3%83%93%e3%83%ab%e3%83%bb%e3%83%9f%e3%83%83%e3%83%81%e3%82%a7%e3%83%ab%e3%80%8c%e6%97%a5%e6%9c%ac%e5%bc%8fqa-part-3%e3%80%8d%ef%bc%882019%e5%b9%b411%e6%9c%886%e6%97%a5%ef%bc%89/

京都大学レジリエンス実践ユニット, 2019,『第2回MMT国際シンポジウム「MMTから考える日本経済の処方箋」』, http://trans.kuciv.kyoto-u.ac.jp/resilience/mmtsympo_201911.html

薔薇マークキャンペーン, 2019,『ビル・ミッチェル教授セミナーまとめページ』, https://rosemark.jp/2019/11/26/mmt-mitchell-matome-site/
Yagen, Danny, 2018, "Employment Hysteresis from the Great Recession", NBER Working Paper No. 23844

◆第８章

L・ランダル・レイ 著／鈴木正徳 訳, 2019,『MMT現代貨幣理論入門』, 東洋経済新報社
Mosler, Warren, 2010, "The 7 Deadly Innocent Frauds of Economic Policy", Valance Co Inc
Mitchell, William, 2018, "MMT and the external sector-redux ", Bill Mitchell-Modern Monetary Theory, http://bilbo.economicoutlook.net/blog/?p=40433
京都大学レジリエンス実践ユニット, 2019,『第2回MMT国際シンポジウム「MMTから考える日本経済の処方箋」』, http://trans.kuciv.kyoto-u.ac.jp/resilience/mmtsympo_201911.html
薔薇マークキャンペーン, 2019,『ビル・ミッチェル教授セミナーまとめページ』, https://rosemark.jp/2019/11/26/mmt-mitchell-matome-site/
末廣 徹, 2016,『精緻に分析すれば、日本はまだデフレである』, 東洋経済オンライン, https://toyokeizai.net/articles/-/101355
ダニ・ロドリック 著／柴山桂太, 大川良文 訳, 2014,『グローバリゼーション・パラドックス 世界経済の未来を決める三つの道』, 白水社
望月慎, 2018,「日本は本当に財政危機？ —世界各国の財政破綻例を見てみよう』, note.com, https://note.com/motidukinoyoru/n/n2f6bc1f2e1cf

◆第９章

L・ランダル・レイ 著／鈴木正徳 訳, 2019,『MMT現代貨幣理論入門』, 東洋経済新報社
Mitchell William, 2017, "MMT is what is, not what might be", Bill Mitchell-Modern Monetary Theory, http://bilbo.economicoutlook.net/blog/?p=35836
※邦訳：ビル・ミッチェル「MMTが論ずるのは『現実が何か』であって、『現実がどうあるべきか』ではない」(2017年4月20日) https://econ101.jp/%E3%83%93%E3%83%AB%E3%83%BB%E3%83%9F%E3%83%83%E3%83%81%E3%82%A7%E3%83%AB%E3%80%8Cmmt%E3%81%8C%E8%AB%96%E3%81%9A%E3%82%8B%E3%81%AE%E3%81%AF%E3%80%8E%E7%8F%BE%E5%AE%9F%E3%81%8C%E4%BD%95%E3%81%8B/
Mitchell, William, 2009(1), "Building bank reserves will not expand credit", Bill Mitchell-Modern Monetary Theory, http://bilbo.economicoutlook.net/blog/?p=6617
※邦訳：『ビル・ミッチェル「準備預金の積み上げは信用を拡張しない」(2009年12月13日)』 https://econ101.jp/%E3%83%93%E3%83%AB%E3%83%BB%E3%83%9F%E3%83%83%E3%83%81%E3%82%A7%E3%83%AB%E3%80%8C%E6%BA%96%E5%82%99%E9%A0%90%E9%87%91%E3%81%AE%E7%A9%8D%E3%81%BF%E4%B8%8A%E3%81%92%E3%81%AF%E4%BF%A1%E7%94%A8%E3%82%92/
Mitchell, William, 2009(2), "Building bank reserves is not inflationary ", Bill Mitchell-Modern Monetary Theory, http://bilbo.economicoutlook.net/blog/?p=6624

※邦訳:『ビル・ミッチェル「準備預金の積み上げはインフレ促進的ではない」(2009年12月14日)』 https://econ101.jp/%E3%83%93%E3%83%AB%E3%83%BB%E3%83%9F%E3%83%83%E3%83%81%E3%82%A7%E3%83%AB%E3%80%8C%E6%BA%96%E5%82%99%E9%A0%90%E9%87%91%E3%81%AE%E7%A9%8D%E3%81%BF%E4%B8%8A%E3%81%92%E3%81%AF%E3%82%A4%E3%83%B3%E3%83%95/

Fullwiler, Scott and Wray, L.R., 2010, "Quantitative Easing and Proposals for Reform of Monetary Policy Operations", Levy Economics Institute of Bard College Working Paper No.645

植田和男, 1993,『マネーサプライ・コントロールを巡って』, 日本銀行金融研究所「金融研究」第12巻第1号 pp.51-68

Krugman, Paul R., 1998, "It' s Back: Japan' s Slump and the Return of the Liquidity Trap", Brookings Papers on Economic Activity, 2:1998 pp.137-205

Eggertsson, Gauti B. and Krugman, Paul, 2010, "Debt, Deleveraging, and the Liquidity Trap - A Fisher-Minsky-Koo approach", Princeton University

Eggertsson, Gauti B., Mehrotra, Neil R. And Robbins Jacob A., 2017, "A Model of Secular Stagnation: Theory and Quantitative Evaluation", NBER Working Paper No.23093

望月慎, 2019,『野口旭氏『MMT(現代貨幣理論)の批判的検討』に関するMMT(er)の"弁明"』, note.com, https://note.com/motidukinoyoru/n/n266cd5b29bf9

望月慎, 2017,『ケインズ経済学モデル概説…IS-LM、マンデルフレミングモデル、AS-AD』, note.com, https://note.com/motidukinoyoru/n/na00180283a7b

藤井聡, 2019,『【藤井聡】政府の支出拡大が財政を健全化することを「数学的に証明」します。』,「新」経世済民新聞, https://38news.jp/economy/13526

吊られた男, 2011,『債務のGDP比は国家のデフォルトリスクの指標になる?』, BLOGOS, https://blogos.com/article/13349/

高橋洋一, 2015,『「日本の借金1000兆円」はやっぱりウソでした~それどころか… 財政再建は実質的に完了してしまう!』, マネー現代, 講談社, https://gendai.ismedia.jp/articles/-/47156

Mitchell, William, 2018, "IMF continues to tread the ridiculous path ", Bill Mitchell-Modern Monetary Theory, http://bilbo.economicoutlook.net/blog/?p=40553

※nyun氏訳:『ビル・ミッチェル「政府のB/Sなどという愚かな道を行くIMF」(2018年10月16日)』 https://econ101.jp/%E3%83%93%E3%83%AB%E3%83%BB%E3%83%9F%E3%83%83%E3%83%81%E3%82%A7%E3%83%AB%E3%80%8C%E6%94%BF%E5%BA%9C%E3%81%AEbs%E3%81%A8%E3%81%8B%E6%84%9A%E3%81%8B%E3%81%AA%E9%81%93%E3%82%92%E8%A1%8C%E3%81%8D%E7%B6%9A/

池田信夫, 2013,『「還暦」が早くやってきた日本経済』, 池田信夫blog, http://ikedanobuo.livedoor.biz/archives/51877899.html

佐藤主光, 2015,『財政学 講義ノート24 日本の財政破たんについて』, 一橋大学, https://www.ipp.hit-u.ac.jp/satom/lecture/publicfinance/2015_PF_note24.pdf

◆第 10 章

Joseph Huber, 2014, "HYPERLINK "http://www.paecon.net/PAEReview/issue66/Huber66.pdf" \t "_blank" Modern Money Theory and New Currency Theory", real-world economics review, issue no. 66, 13 January 2014, pp. 38-57.

山口薫 著, 2015,『公共貨幣 政府債務をゼロにする現代版シカゴプラン』, 東洋経済新報社

Mitchell, William, 2015(1), "Iceland' s Sovereign Money Proposal - Part 1", Bill Mitchell - Modern Monetary Theory, http://bilbo.economicoutlook.net/blog/?p=30827

Mitchell, William, 2015(2), "Iceland' s Sovereign Money Proposal - Part 2", Bill Mitchell - Modern Monetary Theory, http://bilbo.economicoutlook.net/blog/?p=30833

Veale, Spencer, 2019, "Spencer Veale – Modern Monetary Theory and Positive Money: Shadow Banking", BRACE NEW EUROPE, https://braveneweurope.com/spencer-veale-modern-monetary-theory-and-positive-money-shadow-banking

wankonyankoricky, 2014(1),『Public Money 論』, 断章、特に経済的なテーマ, https://blog.goo.ne.jp/wankonyankoricky/e/a35af3322c2dc7a65d71423e4dd2cf21

wankonyankoricky, 2014(2),『New Currency Theory あるいはPositive Money Theory』, 断章、特に経済的なテーマ, https://blog.goo.ne.jp/wankonyankoricky/e/a0b002fe16aedc608c9d56b5b439b176

wankonyankoricky, 2014(3),『NCT、Positive Money は今日で終わり』, 断章、特に経済的なテーマ, https://blog.goo.ne.jp/wankonyankoricky/e/45f21eeb4bf3686ad116a3c16964d075

Fullwiler, Scott and Wray, L.R., 2010, "HYPERLINK "http://www.levyinstitute.org/pubs/wp_645.pdf" \t "_blank" QuantitativeHYPERLINK "http://www.levyinstitute.org/pubs/wp_645.pdf" \t "_blank" Easing and Proposals for Reform of Monetary Policy Operations", Levy Economics Institute of Bard College Working Paper No.645

Mitchell, William, 2009, "The natural rate of interest is zero! ", Bill Mitchell - Modern Monetary Theory, http://bilbo.economicoutlook.net/blog/?p=4656

※邦訳：ビル・ミッチェル「自然利子率は「ゼロ」だ！」(2009年8月30日), https://econ101.jp/%E3%83%93%E3%83%AB%E3%83%BB%E3%83%9F%E3%83%83%E3%83%81%E3%82%A7%E3%83%AB%E3%80%8C%E8%87%AA%E7%84%B6%E5%88%A9%E5%AD%90%E7%8E%87%E3%81%AF%E3%80%8C%E3%82%BC%E3%83%AD%E3%80%8D%E3%81%A0%EF%BC%81%E3%80%8D/

Brunnermeier, Markus K., and Koby, Yann, "HYPERLINK "https://www.imes.boj.or.jp/research/papers/english/19-E-06.pdf" \t "_blank" TheHYPERLINK "https://www.imes.boj.or.jp/research/papers/english/19-E-06.pdf" \t "_blank" Reversal Interest Rate", IMES Discussion Paper Series Discussion Paper No. 2019-E-6

ローレンス・サマーズの一連のツイートスレッド, https://twitter.com/LHSummers/status/1164490326549118976

※邦訳：ローレンス・サマーズ「今後の経済で金融政策がマクロ経済安定化の第一手段となるかは疑わしい」(2019年8月22日) , http://econdays.net/?p=10703

William, Mitchell, 2019, "Q&A Japan Style - Part 1", Bill Mitchell - Modern Monetary Theory, http://bilbo.economicoutlook.net/blog/?p=43556
※邦訳『ビル・ミッチェル「日本式Q&A – Part 1」(2019年11月4日)』, https://econ101.jp/%E3%83%93%E3%83%AB%E3%83%BB%E3%83%9F%E3%83%83%E3%83%81%E3%82%A7%E3%83%AB%E3%80%8C%E6%97%A5%E6%9C%AC%E5%BC%8Fq%EF%BC%86a-part-1%E3%80%8D%EF%BC%882019%E5%B9%B411%E6%9C%884%E6%97%A5%EF%BC%89/
Tymoigne, Eric, 2016, "Money and Banking - Part 11: Inflation", New Economic Perspectives, http://neweconomicperspectives.org/2016/04/money-banking-part-11-inflation.html
Wray, L.R., 2018, "HYPERLINK "http://www.levyinstitute.org/pubs/wp_900.pdf" \t "_blank" FunctionalHYPERLINK "http://www.levyinstitute.org/pubs/wp_900.pdf" \t "_blank" Finance: A Comparison of the Evolution of the Positions of Hyman Minsky and Abba Lerner", Levy Economics Institute of Bard College Working Paper No.900
Mitchell, William, 2016, "Overt Monetary Financing would flush out the ideological disdain for fiscal policy", Bill Mitchell - Modern Monetary Theory, http://bilbo.economicoutlook.net/blog/?p=34071
※邦訳『ビル・ミッチェル「明示的財政ファイナンス(OMF)は財政政策に対するイデオロギー的な蔑視を払拭する」(2016年7月28日)』, https://econ101.jp/%E3%83%93%E3%83%AB%E3%83%BB%E3%83%9F%E3%83%83%E3%83%81%E3%82%A7%E3%83%AB%E3%80%8C%E6%98%8E%E7%A4%BA%E7%9A%84%E8%B2%A1%E6%94%BF%E3%83%95%E3%82%A1%E3%82%A4%E3%83%8A%E3%83%B3%E3%82%B9%EF%BC%88omf/
望月慎, 2019,『HYPERLINK "https://togetter.com/li/1377929" ステファニー・ケルトンのレセプションQ&A / JGPに関する議論』, HYPERLINK "http://toggetter.com" toggetter.com, https://togetter.com/li/1377929

索引
INDEX

アルファベット

あ行

か行

さ行

た行

な行

は行

ま行

や行・ら行

【著者紹介】

望月　慎（もちづき　しん）

一般社団法人『経済学 101』所属翻訳者。

2013 年、「望月夜」名義で経済ブログ活動開始。主にマクロ経済学、マクロ経済政策についての論説を中心に言論を展開。

2017 年、一般社団法人『経済学 101』に参加し翻訳活動開始。代表的 MMT 学者の 1 人、ビル・ミッチェルの翻訳を主に担当。

2019 年、立命館大学経済学会誌『立命館經濟學』に論文「Modern Monetary Theory の概説」を発表。

MMT が日本で注目され始める以前から、MMT 関連の論考をネット上で多数発表、活発な議論を行う。「MMT 四天王」と称される論者の 1 人。

図解入門ビジネス
最新 MMT［現代貨幣理論］が
よくわかる本

発行日	2020年 4月 1日	第1版第1刷
	2022年 2月 10日	第1版第3刷

著 者 望月 慎

発行者 斉藤 和邦
発行所 株式会社 秀和システム
〒135-0016
東京都江東区東陽2-4-2 新宮ビル2F
Tel 03-6264-3105（販売） Fax 03-6264-3094
印刷所 三松堂印刷株式会社 Printed in Japan

ISBN978-4-7980-6043-9 C0033